Reinhold Vogt

Gedächtnis-Training in Frage & Antwort

Weshalb kreatives Lern-Denken besser ist als Pauken

Mit 22 Lern- bzw. Einprägungs-Experimenten

Reihe

Soft Skills kompakt

Herausgegeben von Stéphane Etrillard

Band 3

Band 1 – Stéphane Etrillard: *Erfolgreiche Rhetorik für gute Gespräche*

Band 2 – Sabine Mühlisch: *Fragen der KörperSprache*

Band 3 – Reinhold Vogt: *Gedächtnis-Training in Frage & Antwort*

Reinhold Vogt

Gedächtnis-Training in Frage & Antwort

Weshalb kreatives Lern-Denken besser ist als Pauken

Junfermann Verlag • Paderborn
2007

Covergestaltung/Reihenentwurf: Christian Tschepp
Frontcoverfoto: © Andreas Edelmann FOTOLIA

Satz: JUNFERMANN Druck & Service, Paderborn

Bibliografische Information der Deutschen Bibliothek

Die Deutsche Bibliothek verzeichnet diese Publikation in der Deutschen Nationalbibliografie; detaillierte bibliografische Daten sind im Internet über http://dnb.ddb.de abrufbar.

ISBN 978-3-87387-685-9

Inhalt

Vorwort

„Das ist aber schwer zu lernen!“
„Dann mach' es dir doch einfach leichter!“

Für wen ist dieses Buch geschrieben?

Dieses Buch ist für Sie geeignet, sofern Sie mit wenig Zeitaufwand erfahren wollen, wie Sie sich „schwere“ Informationen leicht erinnerbar machen. Das wird Ihnen in beruflichen Situationen zugute kommen und selbstverständlich auch in Ihrem privaten Alltag.

Als Schüler, Student oder Berufsanfänger haben Sie einen besonders großen Nutzen, weil Sie schon in jungen Jahren Ihr Lern- und Einprägungsverhalten gezielt auf leichteres Erinnern ausrichten können.

Als Bildungs-Profi (Lehrer, Ausbilder, Trainer in der Erwachsenenbildung, Verantwortliche in eLearning-Projekten) bekommen Sie Anregungen, wie Sie Ihre Schulungsinhalte um kreative Gedächtniselemente erweitern, damit Ihre Lernenden sich besser daran erinnern können.

Warum ist die Zeit reif für dieses Buch?

Bereits seit Jahrzehnten spricht man vom „lebenslangen Lernen“. In den letzten Jahren ist immer deutlicher geworden, dass es sich hierbei nicht um ein hohles Schlagwort, sondern tatsächlich um eine berufliche Notwendigkeit handelt.

Vieles aus der täglichen Informationsflut bleibt ohne Ihr Zutun in Ihrem Gedächtnis hängen. Manche für Sie wichtigen Informationen wollen Sie sich jedoch bewusst einprägen, weil Sie spüren, dass Ihr Gehirn diese Informationen leider nicht automatisch festhält.

Die meisten Personen haben weder in ihrer Schulzeit, noch in ihrer Ausbildung, noch im Studium oder in ihrer beruflichen Weiterbildung erfahren, wie sie sich „Schwieriges“ leichter lernbar machen. Erst in den letzten Jahren haben die Bildungseinrichtungen damit begonnen, neben dem Was auch das Wie des Lernens in ihren Unterrichten/Schulungen zu thematisieren.

Was ist das Ziel dieses Buches?

Dieses Buch liefert Ihnen leicht verständliche Antworten auf zwei Hauptfragen:
- In welchen Fällen hilft Ihnen kreatives Lern-Denken?
- Wie funktioniert kreatives Lern-Denken?

Lassen Sie sich auch darauf einstimmen, dass und wieso Lernen wirklich einfach sein kann – selbst wenn Sie bereits gegenteilige Erfahrungen gemacht haben sollten.

22 Lern- bzw. Gedächtnis-Experimente und die hierzu empfohlenen Lösungsvorschläge lassen Sie erleben, wie gut auch Ihr Gedächtnis funktioniert und wie leicht auch Sie lernen können – sofern Sie gedächtnisfreundlich denken.

Die Texte sind prägnant und anschaulich formuliert. Ich wünsche mir, dass Sie dieses Buch lesend verschlingen: wegen seines Inhaltes und wegen seiner leichten „Schreibe“. Sofern Sie allerdings an lern- bzw. gedächtnis-psychologischen Theorien interessiert sind, dann werden Sie von diesem Buch enttäuscht sein; ein bisschen Theorie finden Sie lediglich in einigen der wenigen Fußnoten.

Reinhold Vogt
Deutschlands innovativer Lerntechnik-/Gedächtnistrainer
„Das merk ich mir: memoPower.de“
Waldbröl, 2007

1. Ein gutes Gedächtnis nutzt

Warum ist ein gutes Gedächtnis auch heute noch erforderlich?

Wenn Sie sich fortbewegen, nutzen Sie Pkw, Bahn und Flugzeug. Wenn es darum geht, Informationen zu speichern, setzen Sie nicht nur die klassische schriftliche Aufzeichnungsmethode ein, sondern Sie nutzen auch die fast unbegrenzten Möglichkeiten elektronischer Massenspeicher.

Sie sollten sich deshalb vorab bewusst machen, für welche Informationen und in welchen Situationen Sie die speziellen Vorzüge Ihres natürlichen Gedächtnisses nutzen wollen.

Wenn Sie unverhofft einem wichtigen Geschäftspartner begegnen, dann sollten Sie ihn möglichst spontan namentlich begrüßen können und nicht erst im Pocket-PC nach seinem Namen suchen müssen.

Wenn ein potenzieller Kunde Sie nach den Vorzügen eines von Ihnen angebotenen Produktes fragt, dann wirkt es überzeugender, wenn Sie sofort qualifiziert antworten können, anstatt – inkompetent wirkend – auf die Beschreibungen eines Verkaufsprospektes zu verweisen.

Wenn Sie sich Schul-, Studien-, Aus- oder Fortbildungs-Prüfungen unterziehen wollen, dann müssen Sie sowieso ohne die technischen Möglichkeiten der Informationsspeicherung auskommen.

Müssen Sie eine Rede frei vortragen können?

Meist sind es nicht nur die Inhalte einer Rede oder eines Referates, die Einfluss auf die Zuhörer haben, sondern auch die Art und Weise der Präsentation.

Sie haben es sicherlich viele Male selbst erlebt, wie faszinierend die Wirkung auf die Zuhörer ist, wenn ein Vortragender seine Rede frei aus der Erinnerung halten kann und nicht jeden Satz vom Manuskript ablesen muss.

Gerade weil heutzutage kaum noch jemand erwartet, dass Sie eine längere Argumentationskette oder ein Referat ohne Spickzettel vortragen können, erreichen Sie mit einer solchen Fähigkeit bei Ihren Zuhörern eine umso größere Aufmerksamkeit.

Hat Ihr Gedächtnis überhaupt noch Platzreserven?

Nur wenn Sie unterstellen, dass Ihr Gedächtnis mit einem Kübel vergleichbar ist, kann eine solche Frage sinnvoll erscheinen.

Damit sich Ihnen die Frage nach den (unsinnigen) Begrenzungen gar nicht erst stellt, soll ein anderes Gedächtnismodell Sie positiv einstimmen: Ihr Gedächtnis funktioniert nicht wie ein Kübel, sondern wie ein *Klettenball*.

Wenn Sie zehn oder zwanzig Kletten aneinanderdrücken, verhaken sich ihre Ärmchen, so dass die Kletten gemeinsam eine größere Einheit bilden. Aber auch diese Einheit ist dadurch gekennzeichnet, dass sie eine Oberfläche besitzt, an der weitere Kletten haften können. So kann die Klettenkugel immer weiter vergrößert werden.

Wenn Sie bei diesem Denkmodell die Kletten durch Informationen ersetzen, dann können Sie sich eine „unendlich" große Kapazität Ihres Gedächtnisses vorstellen.

Wenn Sie erst einmal die großartigen Möglichkeiten spezieller Gedächtnistechniken kennen und schätzen gelernt haben, werden Sie über das Kübel-Modell nur noch schmunzeln.

Haben sich die hier vorgestellten Methoden bereits bewährt?

Eine der hier vorgestellten Methoden, die so genannte Methode der Orte (auch: Loci-Technik), ist bereits mehr als 2.500 Jahre alt. Damit hatten sich die Rhetoriker des antiken Athen und des Römischen Reiches umfassende Redemanuskripte eingeprägt, um sie anschließend frei vorzutragen.

In Show-Veranstaltungen, wie zum Beispiel „Wetten-dass", können Sie immer wieder Gedächtniskünstler erleben, die mit Hilfe passender Einprägungsmethoden fast Unglaubliches schaffen. So hatte sich zum Beispiel ein Teilnehmer bei „Wetten-dass" innerhalb von nur 60 Minuten eine Zahlenkette erfolgreich eingeprägt, die aus insgesamt 600 Ziffern bestand.

In diesem Buch erfahren Sie, auf welche ungewöhnliche Denkweise Sie sich vermeintlich schwer lernbare Inhalte einprägen können. Allein schon nach interessiertem Lesen der vorgestellten kreativen Gedanken-Konstruktionen werden Sie auch die betreffenden Lerninhalte bereits im Gedächtnis verankert haben; Sie erleben also sofort, dass diese Methoden funktionieren. – „Gedächtnis" kommt übrigens von „gedacht".

2. Lernen braucht Vorbedingung

Was hat die größte Bedeutung für's Lernen?

Wissenschaftler haben untersucht, wie groß die Anteile von Motivation, Intelligenz und Vorwissen beim Lernen sind. Das Ergebnis* macht vielleicht auch Sie stutzig:

- Den geringsten Anteil hat die Motivation.
- Die Intelligenz hat die zweitwichtigste Bedeutung!
- Den größten Einfluss auf die Lernleistung haben die Vorkenntnisse!

Inwieweit ist Ihre Motivation zum Lernen wichtig?

Sofern sich die Wissenschaftler nicht geirrt haben, dann scheint die Motivation lediglich wie ein An- bzw. Aus-Schalter zu funktionieren:

- Ohne Motivation geht (fast) nichts.
- Sofern Motivation vorhanden ist, hilft sie beim Lernen, aber sie hat eine geringere Bedeutung als die beiden anderen Faktoren.

Da Ihnen dieses Buch in erster Linie praktische Tipps für gedächtnisfreundlichere Einprägungsmethoden liefert, wird das Thema (Selbst-)Motivation nur angedeutet.

Häufig führt mangelnde Motivation dazu, etwas vermeintlich Unangenehmes erst gar nicht zu beginnen. Deshalb können Sie es bei den nächsten unangenehmen, aber wichtigen Lern-Aufgaben einmal mit folgendem Trick zur Selbstmotivation versuchen: Versprechen Sie sich eine kleine, aber attraktive Belohnung dafür, dass Sie überhaupt mit der betreffenden Aufgabe anfangen und mindestens eine halbe oder ganze Stunde an dieser Aufgabe dranbleiben. Nachdem Sie diese 30 oder 60 Minuten durchgehalten haben, genießen Sie Ihre Belohnung, zum Beispiel ein Stück Sahnetorte. Inzwischen werden Sie festgestellt haben, dass die betreffende Aufgabe gar nicht so unangenehm ist, wie Sie das zunächst befürchtet hatten.

Mit den Methoden, die Sie in diesem Buch kennen lernen, können Sie vermeintlich schwierige Lern-/Einprägungsaufgaben leichter und schneller lösen als bisher. So macht Lernen/Einprägen mehr Spaß – so erhöhen Sie beiläufig auch Ihre Lernmotivation.

---

* Quelle: Prof. Dr. Diethelm Wahl, Pädagogische Hochschule Weingarten

- Faktor „Vorkenntnisse“: bis r = 0,7
- Faktor „Intelligenz“: von r = 0,5 absinkend auf r = 0,3 bis 0
- Faktor „Motivation“: r = 0,2 bis 0,3

Warum können Sie als durchschnittlich begabter Mensch überdurchschnittliche Lern-/Gedächtnisleistungen erzielen?

Es kann durchaus sein, dass die Menschen von Natur aus mit unterschiedlich guten Gedächtnisfähigkeiten ausgestattet sind. Vielleicht gehören Sie zu den Personen, die in der Schulzeit feststellen mussten, dass ihre Mitschüler schneller und leichter lernten als sie selbst. Das braucht Sie jedoch nicht daran zu hindern auszuloten, zu welch überraschenden Leistungen Ihr Gedächtnis in der Lage ist, sofern Sie spezielle Lern-/Gedächtnismethoden anwenden.

Die hier beschriebenen Methoden können Sie mit einem Fahrrad vergleichen: Als mittelschneller Läufer können Sie sich mit Hilfe des Fahrrads schneller fortbewegen als Ihre von Natur aus schnelleren Mitmenschen nur zu Fuß.

Welche Bedeutung hat Ihr Vorwissen?

Dass das Vorwissen tatsächlich eine entscheidende Rolle beim Lernen/Einprägen spielt, können Sie an folgendem Beispiel nachvollziehen: Ein Bankkaufmann mit jahrelanger Berufserfahrung und ein Abiturient, der vor einigen Tagen seine Ausbildung zum Bankkaufmann begonnen hat, erfahren in identischer Weise von einem neuartigen Bankprodukt.

Wer von den beiden wird nach einer Stunde oder nach einigen Tagen eine Reihe von Kontrollfragen/Prüfungsfragen zum neuen Produkt besser beantworten können? Vermutlich tippen auch Sie auf den Bankmitarbeiter mit der langjährigen Berufserfahrung. Die Gründe hierfür sind, dass der langjährige Bankmitarbeiter die auch für ihn neuen Informationen in sein Vorwissen einordnen konnte. Er wird sich während der Präsentation des neuen Bankproduktes unter anderem gefragt haben:

- Welches sind für mich ganz neue Details?
- Was ist ähnlich wie bei anderen Produkten?
- Welche Vorzüge hat dieses Produkt gegenüber den anderen?
- Wo liegt der „Haken“ bei diesem Produkt?

Außerdem wird er die meisten Fachausdrücke bereits gekannt haben.

Das größere Vorwissen eines Älteren kann die üblicherweise größere Lerngeschwindigkeit eines Jüngeren nicht nur ausgleichen, sondern im Gesamtergebnis sogar übertreffen! – Die hier vorgestellten Methoden sind künftig ein besonders wichtiger Teil Ihres Vorwissens ...

Auf welche Art des Vorwissens kommt es an?

Das Beispiel vom neuen Bankprodukt geht davon aus, dass es zwischen dem Vorwissen und den neuen Wissensinhalten einen unmittelbaren Bezug gibt. – Ist ein solcher unmittelbarer Zusammenhang eine unabdingbare Voraussetzung, um sich neue Informationen leichter einprägen zu können?

Bitte stellen Sie sich vor, dass Sie in der nächsten Viertelstunde italienische Vokabeln lernen wollen. Darunter befindet sich auch die Vokabel „suocera", auf deutsch: Schwiegermutter. „suocera" spricht sich ungefähr wie „*swoatschera*" aus.

Wenn sich in Ihrem Vorwissen die ähnlich klingende Bezeichnung der Uhrenmarke „Swatch" befindet, dann brauchen Sie nur noch eine kreative Verbindung zwischen Ihrem Vorwissen „Swatch" und der Vokabel „suocera" sowie der Vorstellung von einer Schwiegermutter herzustellen, zum Beispiel so: „Die italienische Schwiegermutter, = suocera [‚*swoatschera*'], kauft sich eine modische ‚Swatch'."

Bei einer solchen Konstruktion nutzen Sie einen Teil Ihres Vorwissens, der keinen sachlich logischen Bezug zur neuen Information hat. Aber die klangliche Ähnlichkeit, die bereits in einem Teil Ihres Vorwissens steckte, hat es Ihrem Gedächtnis ermöglicht, die neue Vokabel an einer passenden Stelle einzulagern, um sie später an dieser Stelle schneller wiederfinden zu können.

Als Merksatz hierzu können Sie sich deshalb einprägen: „Je größer Ihr Vorwissen, desto leichter können Sie Neues lernen!" – Das Denkmodell vom Klettenball lässt grüßen ...

3. Verstehendes Lernen ist nicht alles

Warum können Sie manche Lerninhalte gar nicht verstehen?

Vielleicht klingt Ihnen noch die alte Schulweisheit in den Ohren: „Kapieren statt Pauken!" Dieser Kernsatz gilt auch heute noch. Er ist grundsätzlich in Ordnung, aber ...

Manche Lerninhalte sind objektiv überhaupt nicht verstehbar!

- Ist die deutsche Rechtschreibung verstehbar oder nicht? – Jahrzehntelang galt zum Beispiel die Regel: „Trenne nie ‚st', denn es tut den beiden weh!" Wie kann man jemandem plausibel erklären, dass das heute nicht mehr gilt? Warum ist heute vieles falsch, was gestern noch richtig war, zum Beispiel auch bei der Groß- und der Kleinschreibung oder bei der Zusammen- bzw. Getrenntschreibung? – Kurz nach der Rechtschreibreform wurde dann auch diese reformiert ...
- Wie können Sie es sich logisch erklären, dass Deutschland etwa 82 Millionen Einwohner hat, dass der höchste Kirchturm der Welt ungefähr 161 m hoch ist, dass die Oder etwa 860 km lang ist, dass Karl der Große gerade im Jahr 800 zum Kaiser gekrönt wurde, dass die Hauptstadt der Slowakei Bratislava und die Hauptstadt von Slowenien Ljubljana heißt?
- Auch viele Definitionen sind nicht logisch erklärbar. Deshalb werden sie häufig um den Hinweis auf den jeweiligen Verfasser ergänzt. – Zum Begriff „Lernen" gibt es übrigens zahlreiche verschiedene Definitionen.
- Warum folgen im Alphabet die Buchstaben „D", „E" und „F" unmittelbar hintereinander? Hat das etwas mit Logik zu tun?
- Auf einer fotokopierten Unterlage über grammatische Grundbegriffe hat eine Lehrerin für ihre etwa 13-jährigen Schüler folgende handschriftliche Notiz gesetzt: „Das hier ist Lernstoff. Daran ist letztlich nichts zu erklären oder zu verstehen. Du musst dich schlicht hinsetzen und es lernen!" Dann folgen zahlreiche „Lern-Einheiten", unter anderem:

  PERSONALPRONOMEN: Das sind persönliche Fürwörter, die Bezeichnungen für Personen oder Gegenstände, die dann verwendet werden, wenn das Nomen nicht genannt ist. Sie können folgerichtig auch Subjekt oder Objekt sein.

  PRÄPOSITIONEN: Das sind Verhältniswörter. Sie geben an, in welchem Verhältnis sich eine Sache zu einer anderen befindet. Man braucht sie in vielfältiger Weise im Satz.

Fazit 1: Es gibt Lerninhalte, die objektiv nicht verstehbar sind. – Solche Lerninhalte können Sie lernen, ohne zu pauken!

Wann ist Ihnen verstehendes Lernen viel zu aufwändig?

Vielleicht wollen Sie sich Faktenwissen aneignen, um lediglich unumgängliche Prüfungen zu bestehen. Der betreffende Lerninhalt hat für Sie keinen praktischen Nutzen bzw. der Nutzen ist für Sie nicht erkennbar. Deshalb suchen Sie nach Methoden, um sich das Prüfungswissen möglichst rasch und mühelos anzueignen – Sie sind nicht bereit, Zeit und Mühe in ein weitergehendes verstehendes Lernen zu investieren.

Jenseits von Prüfungsanforderungen gibt es Informationen, die Sie sich aus eigenem Interesse zwar gerne einprägen wollen, deren Hintergründe Sie jedoch nicht interessieren. Ein paar Beispiele veranschaulichen das:

- Wahrscheinlich wissen Sie, dass sich die Luftdrucktiefs auf der Nordhalbkugel immer gegen den Uhrzeigersinn drehen. – Ist es für Sie erforderlich, dies auch begründen zu können?
- Sie wissen, wie Sie im Internet eine Webseite aufrufen oder wie Sie mit Hilfe einer Suchmaschine nach bestimmten Begriffen suchen können. – Ist es für Sie gleichzeitig notwendig, die Technik des Internets erklären zu können?
- Zweimal im Jahr wird wegen der Regelung zur Sommerzeit/Winterzeit die Uhr umgestellt. Es ist allemal ausreichend, wenn Sie wissen, dass die Uhr im Frühjahr vor- bzw. dass sie im Herbst zurückgestellt wird. – Ist es für Sie wichtig, dass Sie die Hintergründe verstehen?

Selbst eine gute Allgemeinbildung enthält nicht nur Wissen in Zusammenhängen, sondern immer auch individuell nicht begründbare Einzelfakten. – Sogar Experten verfügen nicht nur über Fachwissen, das sie gut beherrschen. An den Grenzen ihres Fachwissens gibt es weiteres Wissen, das sie nicht verstehen. Das ist dann das Fachwissen anderer Experten ...

Fazit 2: Es gibt Lerninhalte, deren Zusammenhänge Sie gar nicht verstehen wollen. – Solche Lerninhalte können Sie lernen, ohne zu pauken!

Wann sind verstehbare Lerninhalte für Sie unverständlich?

Das kennen Sie sicherlich auch: Sie lesen ein für Sie wichtiges Fachbuch mit großer Aufmerksamkeit oder Sie besuchen eine für Sie wichtige Schulung/Vorlesung. Dennoch können Sie einige der dargestellten Zusammenhänge leider nicht nachvollziehen.

Die Ursache hierfür kann sein, dass Sie einige entscheidende Basisfakten (noch) nicht kennen, oder dass Ihr Verständnis für die Zusammenhänge noch nicht „gereift" ist. Dennoch wollen Sie sich möglichst viele der präsentierten Informationen merken.

Selbst solche „Wissensfragmente“ haben für Sie einen zusätzlichen Vorteil, weil sie wie „Andockstellen“ wirken: Hierzu passende weitere Details können Sie dann einordnend/zuordnend lernen. Das hilft Ihnen, um später doch noch zum Gesamtverständnis zu gelangen!

Fazit 3: Es gibt Lerninhalte, deren Zusammenhänge Sie (noch) nicht verstehen, deren Details Sie sich aber einprägen wollen. – Solche Lerninhalte können Sie lernen, ohne zu pauken!

Wann ist verstehendes Lernen für Sie nicht gut genug?

Wenn Sie eine Rede oder eine Dokumentation ausgearbeitet und sie sogar perfekt strukturiert haben, dann sind Sie hierzu zweifellos fachkundig: Sie beherrschen den betreffenden Inhalt. Das heißt aber nicht, dass Sie allein schon deshalb in der Lage sind, diesen Inhalt frei aus der Erinnerung vorzutragen.

Gleiches gilt für Schüler und Studenten, die sich zwar intensiv im Sinne von verstehendem Lernen mit Lerninhalten beschäftigt hatten, aber nicht wissen, wie sie sich in Klassenarbeiten und Klausuren an all die vielen Lerninhalte erinnern sollen.

Es gibt viele weitere wichtige Situationen, in denen es nicht ausreicht, einen Inhalt lediglich verstanden zu haben; Sie sollten ihn auch aus dem Gedächtnis heraus reproduzieren können:

- In Diskussionen sind begründete Argumente gefragt.
- Mitarbeiter wollen Hintergründe und Zusammenhänge erfahren.
- Kaufinteressenten sind häufig nur durch wohl vorbereitete Argumentationsketten zu überzeugen.

Fazit 4: Fachliches Wissen reicht in vielen Fällen nicht, um die betreffenden Inhalte auch frei aus der Erinnerung präsentieren zu können. – Solche Inhalte können Sie sich zuverlässig einprägen, ohne zu pauken!

Was heißt eigentlich „Pauken“/„auswendig lernen“?

Nach allgemeinem Sprachgebrauch bedeutet pauken/auswendig lernen, dass Sie die für Sie wichtigen Informationen immer und immer wieder auf dieselbe Weise in Ihr Gehirn „hineindrücken“, ohne Verbindungen zu Ihrem Vorwissen herzustellen.

Alles, was Sie pauken müssen, erscheint Ihnen „schwer“. Das ist allerdings nur Ihre subjektive Empfindung, weil Sie es sich nicht „leicht machen“ können.

Bitte stellen Sie sich einen Eisenbahnwaggon vor, der unmittelbar auf einem Acker steht. Es ist schwer, ihn zu bewegen. Steht der Waggon jedoch auf einer passenden Schiene, ist er leichter zu bewegen, obwohl sein Gewicht dasselbe ist. – Auch beim Lernen/Einprägen kommt es auf eine geeignete „Schiene“, sprich „Methode“, an.

4. Verstehendes Lernen ergänzen, Pauken ersetzen

Warum kommen Sie mit Umweg-Denken schneller zum Gedächtniserfolg?

Beispiel: Beim Vokabel-Lernen verknüpfen die meisten Lernenden die jeweils zusammen gehörenden Informationen unmittelbar phonetisch miteinander:

Stuhl – chair	||	chair – Stuhl
Fenster – window	||	window – Fenster
Schwiegermutter – suocera	||	suocera – Schwiegermutter

Abb. 1: **Künftig ersparen Sie sich das vielfache phonetische Wiederholen („Pauken")**

Die zahlreichen Wiederholungen haben das Ziel, die betreffenden Begriffspaare („Klingklang" von muttersprachlicher und dazugehöriger fremdsprachlicher Vokabel) in das akustische Gedächtnis „hineinzupressen". Bei anderen Inhalten, zum Beispiel Definitionen aus der Betriebswirtschaftslehre, verfahren viele Lernende in ähnlicher Weise. – Besonders viele Wiederholungen sind aber nichts anderes als stumpfsinnige Paukerei!

Ein passender gedanklicher Umweg – in diesem Fall über die Klangähnlichkeit „Swatch" – erfordert zwar kreatives Denken, ist aber insgesamt weniger zeitaufwändig. Und diese Art von Lernen/Einprägen kann man nicht als stumpfsinnig bezeichnen – ganz im Gegenteil.

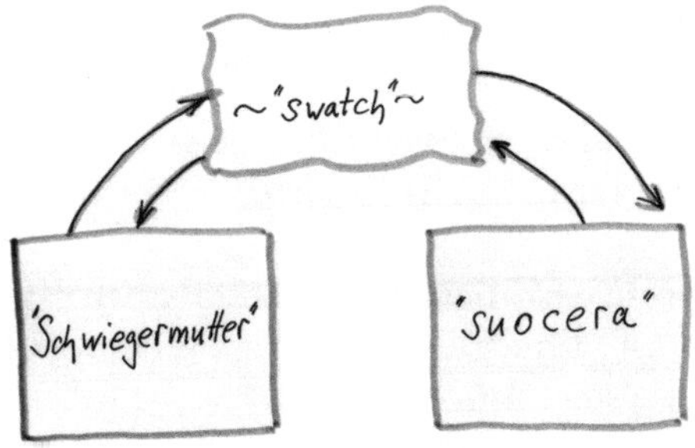

Abb. 2: **Beim kreativen Lernen/Einprägen kommen Sie über Umwege schneller und leichter zu Ihren Lernerfolgen.**

Kreativität ist ein Teil Ihrer Intelligenz. Diesen Teil Ihrer Intelligenz sollten Sie einsetzen, um leichter und schneller zu lernen und sich zuverlässiger erinnern zu können!

In welchen Situationen denken Sie sowieso in Umwegen?

Lassen Sie sich bitte auf ein kleines Experiment ein und beantworten Sie – bevor Sie weiterlesen – die folgende Frage: „Wie groß ist das Format DIN A7?"

* * * * *

Wahrscheinlich hatten Sie die Lösung zwar nicht sofort parat, aber Sie konnten die Antwort in Schritten „entwickeln". Vermutlich hatten Sie zunächst an das gängigere Format DIN A4 oder DIN A5 gedacht und dann entsprechend dem bekannten Prinzip die DIN-Ziffern hochgezählt und gleichzeitig die Papiergrößen jeweils auf die Hälfte verkleinert. (DIN A7 entspricht also der Größe einer halben normal großen Ansichtskarte.)

In dieser verknüpften Art denken Sie immer wieder: Zum Beispiel werden Sie von einem Kollegen etwas Fachliches gefragt, das Sie nicht täglich zu bearbeiten haben. Dann kommen Sie ins Grübeln („Lass mich mal überlegen, ..."); Sie „hüpfen" denkend von einer damit zusammenhängenden Information zur anderen, bis Sie bei der gesuchten Antwort angekommen sind. – Also sind auch im Alltag nicht alle Informationen direkt abrufbar, sondern werden zum Teil über Umwege erinnert.

Je häufiger Sie zu bestimmten Informationen den betreffenden „Umweg" gehen, desto kürzer wird er. – Sicherlich kommen Sie bei der bildhaften Vorstellung einer italienischen Schwiegermutter inzwischen direkt auf „suocera".

Mit welchen anderen Kulturtechniken können Sie das „kreativ verknüpfende Denken" vergleichen?

Kreativ verknüpfendes Denken verbessert Ihre geistige Leistungsfähigkeit und steht damit auf derselben Stufe wie andere Techniken, die ebenfalls Ihre geistigen Möglichkeiten erweitern:

- Das Verwenden arabischer Ziffern anstelle römischer Ziffern erleichtert Ihre Rechenfertigkeit. (Erst im Mittelalter hatten sich die europäischen Mathematiker auf das arabische Ziffernsystem umgestellt.)
- Sofern Sie Organigramme zur Darstellung von Aufbau-Organisationen anstelle üblicher Texte verwenden, machen Sie die Strukturen, zum Beispiel von Unternehmen, schneller und leichter erkennbar.
- Ähnliches gilt für Fluss-Diagramme für Arbeits- und Entscheidungsabläufe sowie für Diagramme zu statistischen Aussagen.
- Die Stenografie anstelle der lateinischen Schrift ermöglicht das besonders schnelle Schreiben, auch wenn diese Kulturtechnik heutzutage aufgrund zahlreicher technischer Alternativen keine große Bedeutung mehr hat.

Die Kulturtechnik des kreativ verknüpfenden Denkens hat einen entscheidenden Vorteil: Es ergeben sich leicht nachvollziehbare „Erinnerungsspuren" – quasi automatisch!

5. Informationspaare sind die Basis des Lern-Denkens

Wie können Sie sich rechtzeitig daran erinnern, etwas Bestimmtes zu tun?

Hin und wieder fällt Ihnen ein, dass Sie in Kürze unbedingt eine Kleinigkeit erledigen wollen – und manchmal erinnern Sie sich erst dann daran, wenn der betreffende Zeitpunkt bereits vorbei ist.

Ihre Eltern hätten Ihnen für solche Situationen einen wirkungsvollen Tipp geben können: „Mach dir doch einfach einen Knoten ins Taschentuch!“ Da heute kaum noch jemand Textiltaschentücher nutzt und da ein (geknotetes) Papiertaschentuch keine lange Überlebenszeit hat, wird diese genial einfache Erinnerungs-Methode kaum noch genutzt.

Warum funktionierte früher der Trick mit dem Taschentuch so gut? Weil Ihre Eltern in dem Moment, als ihnen die später zu erledigende Tätigkeit einfiel, zum Taschentuch griffen und bewusst einen Erinnerungsknoten setzten. Das Gehirn registrierte in diesem Augenblick eine Verbindung zwischen dem Knoten im Taschentuch und der beabsichtigten Aktivität; es bildete parallel zur Tätigkeit des Knotenbindens eine gedankliche Verknüpfung.

Abb. 3: **Bewusstes Verknoten, unbewusste gedankliche Verknüpfung. – Der spätere unbewusste Griff zum geknoteten Taschentuch löst die Frage aus: „Woran soll mich der Knoten erinnern?“**

Später hatten Ihre Eltern dann immer wieder mal in die Tasche gegriffen und dabei auch den ungewohnten Knoten im Taschentuch gespürt. Meist löste er – fast unbewusst – die Frage aus: „Warum habe ich den Knoten ins Taschentuch gemacht?“ – Und meist hatten sie sich dann auch an die beabsichtigte Aktivität erinnern können.

Wie verknoten Sie Ihr virtuelles Taschentuch?

Das Prinzip des Knotens im Taschentuch können Sie auch heute noch nutzen, auch wenn Papiertaschentücher hierfür nicht geeignet sind.

Experiment 1

Damit Sie hierzu gleich eine praktische Erfahrung sammeln können, nehmen Sie sich bitte Folgendes vor: »Sie wollen in etwa zwanzig Minuten ein Glas mit Wasser füllen.«

Wie können Sie ohne Hilfsmittel sicherstellen, dass Sie später rechtzeitig an Ihre Absicht denken?

Lösungsvorschlag: So können Sie Ihren „mentalen Wecker" auf die rechtzeitige Erledigung dieser Aufgabe einstellen:

- Überlegen Sie bitte zunächst, in welcher Situation Sie sich wahrscheinlich in zwanzig Minuten befinden werden, wenn Sie sich an die beabsichtigte Aktivität erinnern (lassen) wollen: *„In zwanzig Minuten werde ich voraussichtlich ...* (was tun?)"
- Als Nächstes stellen Sie sich bitte vor, wie Sie ein bestimmtes Glas (*Welches Glas?!*) mit Wasser füllen. (*Handelt es sich um Mineralwasser oder um Wasser aus dem Wasserhahn?*)
- Und nun brauchen Sie diese beiden Bilder nur noch miteinander zu verbinden – am besten in verrückter, lustiger, absurder Weise.

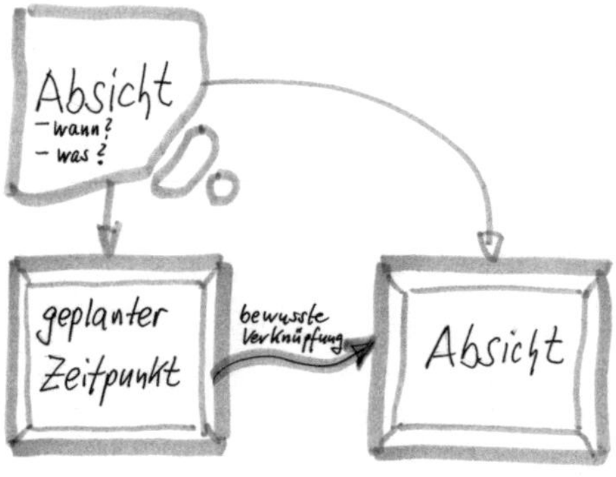

Abb. 4: **Sie verknüpfen gedanklich die Situation, in der Sie an die Aktivität denken wollen, mit der Aktivität selbst.**

Dieses Lern-Denk-Prinzip kann man als einfache kreative Verknüpfung bezeichnen (oder: einfaches kreativ bildhaft-verknüpfendes Denken).

Weil es sich beim einfachen kreativ bildhaft-verknüpfenden Denken um die Basismethode handelt, auf der zusätzliche Varianten aufbauen, soll Ihnen ein zweites Beispiel die Methode zusätzlich verdeutlichen:

- Sie wollen Ihre Fahrt vom Büro zurück nach Hause kurz unterbrechen, um noch einen Blumenstrauß zu kaufen.

- Sie stellen sich intensiv den Straßenabschnitt vor, auf dem Sie fahren werden, bevor Sie – als heutige Ausnahme – am vorgesehenen Blumengeschäft halten wollen.
- Auf diesem Straßenabschnitt platzieren Sie – gedanklich in kreativer Weise – zum Beispiel viele, übergroße Blumensträuße: auf der Straßenkreuzung, an der Ampel, an den Straßenlampen.

Abb. 5: **Sie verknüpfen bewusst eine Straßenszene mit dem Blumenstrauß.**

- Wenn Sie – wie üblich und ohne bewusstes Denken – diesen Weg nach Hause fahren, werden Sie wahrscheinlich irgendwie irritiert sein: Die betreffende Straßenkreuzung, die betreffende Ampel, die betreffenden Straßenlampen ... das alles wirkt heute anders als sonst. Plötzlich „sehen“ Sie die virtuellen Blumensträuße ... und Sie wissen, was nun zu tun ist.

Warum sind Sie in den Keller gegangen?

Auch diese Situation kennen Sie wahrscheinlich: Sie sind in den Keller gegangen – dort angekommen wissen Sie nicht mehr, was Sie im Keller erledigen wollten. Sie gehen zurück in die Wohnung und kommen an die Stelle, an der Sie die betreffende Absicht gefasst hatten. Und genau in diesem Augenblick fällt Ihnen wieder ein, weshalb Sie in den Keller gegangen waren. – Ist das nicht seltsam?

Ihr Gehirn verknüpfte offensichtlich die Umgebung, in der Sie Ihren Entschluss gefasst hatten, in den Keller zu gehen, automatisch mit der Tätigkeit, die Sie dort erledigen wollten.

Deshalb lohnt es sich, falls Sie sich das nächste Mal orientierungslos im Keller aufhalten, Folgendes auszuprobieren: Stellen Sie sich bitte bildlich vor, von wo aus Sie gestartet waren bzw. was Sie dort zuletzt getan hatten. Wahrscheinlich hängt an diesem Vorstellungsbild auch der Gedanke, was Sie im Keller erledigen wollten ... und Sie ersparen sich dadurch einen unnötigen Weg.

Wie prägen Sie sich Informationspaare ein?

Experiment 2

Bitte prägen Sie sich ein, in welchen Städten sich die betreffenden Museen befinden … und auch umgekehrt: Um welches Museum handelt es sich bei der jeweiligen Stadt?

Frankfurt	Straßenbahn-Museum
Hamburg	Post-Museum
Stuttgart	Landwirtschafts-Museum
München	Jagd-Museum
Aachen	Zeitungs-Museum
Berlin	Rundfunk-Museum
Nürnberg	Gewerbe-Museum
Köln	Museum für ostasiatische Kunst
Bremen	Übersee-Museum
Heidelberg	Apotheken-Museum
Düsseldorf	Keramik-Museum
Kassel	Tapeten-Museum
Ulm	Brot-Museum
Dessau	Polizeihistorisches Museum
Dresden	Hygiene-Museum
Kiel	Brandschutz-Museum
Wuppertal	Uhren-Museum
Hannover	Wilhelm-Busch-Museum

Warum erscheint die Stadt-Museum-Aufgabe vermutlich als schwer?

Jemand, der sich bislang nicht mit dem „gedächtnisfreundlichen Denken" beschäftigt hat, wird diese Begriffspaare vermutlich so lernen, wie sich die meisten Lernenden Vokabeln einprägen, also in phonetischer Weise:

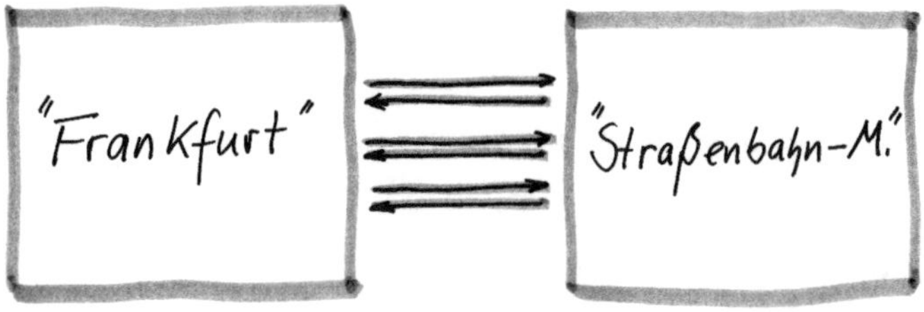

Abb. 6: So sieht vielfaches phonetisches Wiederholen („Pauken") aus.

Frankfurt – Straßenbahn || Straßenbahn – Frankfurt
Stuttgart – Landwirtschaft || Landwirtschaft – Stuttgart usw.

Da das auditive/phonetische Gedächtnis der meisten Menschen eine viel geringere Kapazität hat als das bildhafte Gedächtnis, ist phonetisches Lernen anstrengend, zudem zeitaufwändig und nicht besonders ergiebig. – Wer sich zu den 18 Städten die betreffenden Museen phonetisch einprägt, der paukt: vielfach wiederholendes Lesen und ohne Lernfreude.

Wie können Sie die Stadt-Museum-Aufgabe spielerisch lösen?

Ihr Lösungsansatz könnte so aussehen:

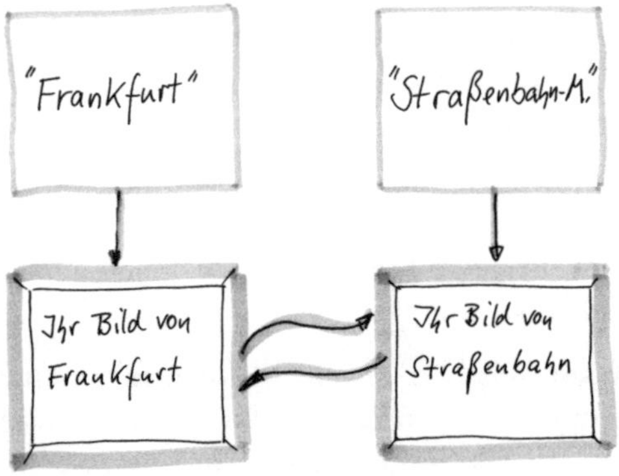

Abb. 7: **Solch ein kreativ-bildhafter Umweg erleichtert Ihnen das Lernen.**

- Zunächst überlegen Sie bitte, welches Bild Ihnen spontan zur Stadt Frankfurt einfällt; es könnte zum Beispiel ein Glas mit „Äppelwoi" sein.
- Anschließend überlegen Sie bitte, welches Bild Ihnen spontan zu „Straßenbahn" einfällt – es wird wahrscheinlich direkt eine Straßenbahn sein.
- Dann verbinden Sie bitte beide Bilder in kreativer Weise: je absurder, desto wirkungsvoller – umso deutlicher werden die Erinnerungsspuren.
- Ihre kreative Verknüpfung könnte zum Beispiel lauten: „Eine Straßenbahn (Symbol für das Straßenbahn-Museum) wird mit einem randvoll gefüllten Äppelwoi-Glas (Symbol für die Stadt Frankfurt) getauft – der Äppelwoi hinterlässt auf den Scheiben der Straßenbahn sichtbare schmierige Spuren."

Wenn Sie sich später erinnern wollen, welches das betreffende Museum in Frankfurt ist, dann fällt Ihnen spontan das Bild von einem Glas Äppelwoi ein, und Sie „sehen", was damit passiert: Eine Straßenbahn wird getauft.

Und wenn Sie sich umgekehrt erinnern wollen, in welcher Stadt sich das Straßenbahn-Museum befindet, dann fällt Ihnen genauso spontan das Bild einer typischen Straßenbahn ein, und Sie „sehen", was passiert: Die Straßenbahn wird mit Äppelwoi getauft.

Auch in diesem Fall handelt es sich um eine „einfache paarweise Verknüpfung“ („einfaches kreativ bildhaft-verknüpfendes Denken“) – allerdings mit einer Besonderheit: Sie lassen nicht nur die Museums-Gegenstände vor Ihrem „geistigen Auge“ aufleuchten, sondern auch jeweils ein für Sie persönlich typisches Symbol zur betreffenden Stadt. Sie „übersetzen“ die eher abstrakte Information „Stadt-Namen“ in ein für Sie selbst passendes Symbolbild.

Was machen Sie, wenn Ihnen konkrete Vorstellungen fehlen?

Sofern Sie zu einzelnen Städten nur deren Namen, aber keine Besonderheiten kennen (wenn Ihnen also ein weitergehendes Vorwissen fehlt), dann können Sie zusätzlich eine klangliche Verknüpfung integrieren.

Eine erste Vorstellung zur klanglichen Verknüpfung hatte Ihnen bereits das Beispiel mit der italienischen Schwiegermutter („suocera“ klingt wie „Swatch“) vermittelt. – Sofern Sie zum Beispiel keine Vorstellung von der Stadt Heidelberg haben, dann könnten Sie sich ersatzweise einen Heidelbeerberg oder einen Heideberg (ein Berg in der Lüneburger Heide) vorstellen.

Eine zusätzliche Schwierigkeit könnten Sie bei dem Informationspaar „Nürnberg – Gewerbe-Museum“ empfinden, denn „Gewerbe“ ist ein abstrakter Begriff. Überlegen Sie ggf., welches Fotomotiv für Sie geeignet ist, um ein „Gewerbe“ darzustellen.

Wofür können Sie die Methode der kreativen Verknüpfungspaare sonst noch nutzen?

Die Methode des paarweise verknüpfenden Denkens können Sie auf viele Lerninhalte anwenden; sie ähneln jeweils folgenden Beispielen:

- Das *Völkerschlachtdenkmal* befindet sich bei *Leipzig.*
- Der *Gesprächspartner bei der Firma XY* heißt *Peter Förster.*
- Die *Entfernung von hier bis zum Flughafen* beträgt exakt *159 km.*
- Die *Hilfe-Funktion ist über „F1“ aufrufbar.*

Letztlich basiert alles Lernen/Einprägen darauf, dass Sie eine neue Information mit einer anderen verknüpfen. Ihr Gehirn erledigt diese Verknüpfungen für Sie meist automatisch. Nur wenn diese „Automatik“ nicht funktioniert, bieten Sie Ihrem Gehirn ersatzweise solche kreativen Verknüpfungen an!

6. Geschichten fürs Leben

Was hat es mit der Bedürfnispyramide auf sich?

Der US-amerikanische Psychologe Abraham Maslow hat als Beitrag zur Motivationslehre ein Denkmodell zur Hierarchie der menschlichen Bedürfnisse aufgestellt. Er unterscheidet dabei fünf Arten von Bedürfnissen, die aufeinander aufbauen. Erst wenn die Bedürfnisse einer Ebene befriedigt sind, werden die Bedürfnisse der nachfolgenden Ebene aktiv.

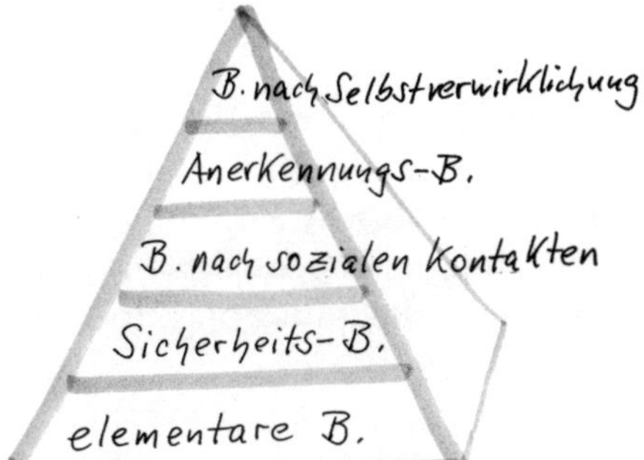

Abb. 8: **Die fünf Stufen der Maslowschen Bedürfnispyramide**

Experiment 3

Bitte prägen Sie sich die fünf Stufen in ihrer richtigen Reihenfolge ein:

- Die unterste Ebene wird durch die so genannten elementaren Bedürfnisse bestimmt. Dazu gehören Essen, Trinken, Schlafen und Sexualität.
- Erst wenn diese Bedürfnisse im Wesentlichen befriedigt sind, spürt der Mensch die Bedürfnisse der zweiten Ebene: das Bedürfnis nach Sicherheit; nach Sicherheit für sein Leben und seine Gesundheit oder zum Beispiel nach Sicherheit für den Erhalt seines Arbeitsplatzes.
- Als nächstes folgt das Bedürfnis nach sozialen Kontakten: Menschen haben das Bedürfnis, mit anderen zusammen zu wohnen und mit ihnen gemeinsam etwas zu unternehmen – ähnlich wie Rudeltiere. (Bären sind demgegenüber typische Einzelgänger.)
- Die vierte Ebene wird durch das Bedürfnis nach Anerkennung bestimmt. Auch wenn wir es nicht immer zugeben: Wir erwarten für unser Tun gewöhnlich auch die Anerkennung durch die anderen!

- Das Bedürfnis nach Selbstverwirklichung befindet sich nach Maslow auf der obersten Ebene: Wer so lebt, dass er zumindest in Teilbereichen wunschlos glücklich ist, hat insofern die höchste Stufe der Bedürfnisbefriedigung erreicht. Picasso zum Beispiel hatte mit über 80 Jahren noch immer gemalt – nicht wegen der Verkaufs-Erlöse in Millionenhöhe, sondern aus Leidenschaft!

Warum soll dieser Lerninhalt schwer sein?

Die fünf Bedürfnisebenen sind eindeutig beschrieben, und es gibt sogar gut nachvollziehbare Beispiele zur Veranschaulichung.

Die Maslowsche Bedürfnispyramide enthält allerdings keine nachvollziehbare Logik, mit deren Hilfe Sie sich von einem Hauptgedanken zum nächsten entlang hangeln könnten – es gibt keine sachlich-logischen Verbindungen von einer Bedürfnisebene zur nächsten!

Sofern Sie jedoch in der beschriebenen Abfolge eine klare Logik erkennen sollten, dann wird es für Sie kein Problem sein, sich auch noch Stunden später an die fünf Stufen und ihre richtige Reihenfolge zu erinnern.

Gegebenenfalls überzeugt Sie ein weiteres Beispiel: Haben Sie noch in Erinnerung, in welchen vier Fällen das verstehende Lernen nicht zum Erfolg führt? – Obwohl es sich lediglich um vier Stichworte handelte, könnten Sie es als schwierig empfinden, sich diese vier Fälle einzuprägen, weil Ihr Gehirn diese Informationen als abstrakt empfindet ... und weil das Buch Ihnen keine anschauliche Verknüpfung präsentiert hatte.

Was fällt Ihnen zur Bedürfnispyramide künftig als Erstes ein?

Eine von mehreren Möglichkeiten ist, dass Sie sich hierzu eine Fantasiegeschichte ausdenken, zum Beispiel in folgender Form:

Einer der letzten Neandertaler krabbelt nach etwa 30.000 Jahren Totenruhe aus seiner Pyramide:

- Weil er Hunger und Durst hat, sucht er im Wald nach Beeren, essbaren Wurzeln und nach einer Quelle. Nachdem er den ganzen Tag auf Nahrungssuche war, ist er müde und will sich in einer Höhle zum Schlafen niederlegen (*existenzielle Bedürfnisse*).
- Aus der Ferne hört er jedoch Donnergrollen und sieht das Leuchten von Blitzen. Aus seinem „letzten Leben“ weiß er, dass ein Gewitter mit Gefahren für Leib und Leben verbunden ist. Sicherheitshalber schnitzt er deshalb aus einem Stück Baumrinde eine Maske, um die bösen Geister von Blitz und Donner abzuwehren, und hängt diese Maske vor den Eingang seiner Schlafhöhle (*Sicherheits-Bedürfnisse*).
- Als er am nächsten Morgen aufwacht und aus seiner Höhle schaut, erblickt er einen anderen Neandertaler. Sie gehen aufeinander zu, umarmen und freuen sich, dass sie nicht allein sind auf dieser Welt (*Bedürfnis nach sozialen Kontakten*). – (Ggf. könnte jetzt auch etwas passieren, was zur ersten Bedürfnis-Ebene gehört ...)

- Nachdem sich die beiden Neandertaler ihre gestrigen Erlebnisse erzählt hatten, führt der eine den anderen zu einem von ihm selbst angelegten Blumenbeet. Voller Stolz erklärt er, wie man solch ein Blumenbeet anlegt. Der andere ist begeistert und zeigt seine Bewunderung ganz deutlich. Das tut dem „Gärtner" richtig gut (*Bedürfnis nach Anerkennung*).
- Angeregt durch die Schönheit der Blumen beschließen sie, ihre Höhlenwände mit farbigen Steinen anzumalen. Bei ihrer künstlerischen Beschäftigung fühlen sie sich wie Picasso (*Bedürfnis nach Selbstverwirklichung*).

Was hat das „Modell der vollständigen Handlung" mit dem Kauf eines Hauses zu tun?

Ausbilder, die sich auf die Prüfung nach der Ausbildereignungs-Verordnung vorbereiten („Ausbildung der Ausbilder"/AEVO), müssen sich auch mit dem so genannten Modell der „vollständigen Handlung" auseinandersetzen. Dieses Denkmodell soll ihnen bewusst machen, dass ein vollständiger Handlungsablauf im Berufsleben sechs Phasen umfasst.

Experiment 4

Bitte prägen Sie sich die sechs Phasen der „vollständigen Handlung" ein! Es sind:

- informieren (Welche Informationen stehen zur Verfügung? Welche Informationen fehlen noch?)
- planen (Wie könnte die Aufgabe realisiert werden?)
- entscheiden (Welche Variante ist die beste?)
- durchführen (Die eigentliche Arbeit erledigen.)
- kontrollieren (Welche Qualität hat das Arbeitsergebnis?)
- bewerten (Wie gut war der Gesamtablauf? Welche Lehren kann man aus dem Gesamtablauf ziehen?)

Etwa die Hälfte der Seminarteilnehmer hat keine Schwierigkeiten, sich diese leicht abstrahierten Begriffe auf „natürliche" Weise einzuprägen; der Ablauf erscheint ihnen plausibel. Weil sich aber auch die anderen Prüfungsteilnehmer gern an diese sechs Phasen in der richtigen Reihenfolge erinnern können wollen, hatten wir einmal nach Merkhilfen gesucht. Die aus meiner Sicht eleganteste Lösung entwickelte einmal ein Verkaufs-Profi:

- Wenn ich mir ein Fertighaus kaufen möchte, *informiere* ich mich zunächst über die am Markt befindlichen Angebote.
- Ich ziehe einzelne Angebote in die engere Wahl und mache hierzu noch einige individuelle Detail-*Planungen.*
- Nach vielem Hin-und-Her *entscheide* ich mich für ein bestimmtes Haus.
- Innerhalb weniger Tage wird das Haus aufgebaut. (Der eigentliche Hausbau wird *durchgeführt.*)
- Anschließend *kontrolliere* ich die Arbeit: Funktionieren die elektrischen Einrichtungen, die sanitären Anlagen, schließen alle Türen einwandfrei, usw.?

- Schließlich kommt der „Mann von der Versicherung“ und stellt den Wert des Hauses fest (*bewerten*), um die richtige Versicherungssumme festzulegen.

Wie gefallen Ihrem Gedächtnis solche Fantasiegeschichten?

Wenn Ihnen solche Geschichten im ersten Moment naiv erscheinen, dann überlegen Sie doch bitte, wieso manche Wissenschafts-Journalisten es schaffen, höchst komplizierte Phänomene selbst für Laien verständlich darzustellen ...

Sofern Sie die „Geschichten-Methode“ beherrschen und anwenden, nutzen Sie zwei entscheidende Vorteile:

- Sie können sich wichtige Informations-Ketten rasch einprägen und sich leicht an die eingebundenen wichtigen Informationen erinnern, zum Beispiel an die Hauptstichpunkte einer Rede oder die Punkte einer Verkaufsargumentation oder an sonstige nicht „schlussfolgerbare“ Informations-Pakete.
- Sie werden Ihre Erklärungen und Präsentationen anderen gegenüber meist schon unbewusst mehr bildhaft umschreiben und es damit Ihren Mitarbeitern, Kauf-Interessenten, Schulungs-Teilnehmern usw. erleichtern, das Gehörte schneller zu verstehen und sich länger daran zu erinnern.

Zusatznutzen: Ihre Zuhörer hören Ihnen mehr vergnügt als angestrengt zu!

Was ist das Prinzip der Geschichten-Methode?

Sofern bestimmte Lerninhalte nicht logisch rekonstruierbar sind, können Sie mit einer fantasievollen Geschichte die fehlende Sachlogik ersetzen.

Zunächst übersetzen Sie in solchen Fällen die „Sinnträger-Informationen“, zum Beispiel „elementare Bedürfnisse“, in für Sie plausible Symbolbilder, zum Beispiel „essen und trinken“. – Sollte ein Lehrbuch oder ein Lehrender solche „Bilder“ bereits mitliefern, dann brauchen Sie keine eigenen Symbolbilder zu suchen.

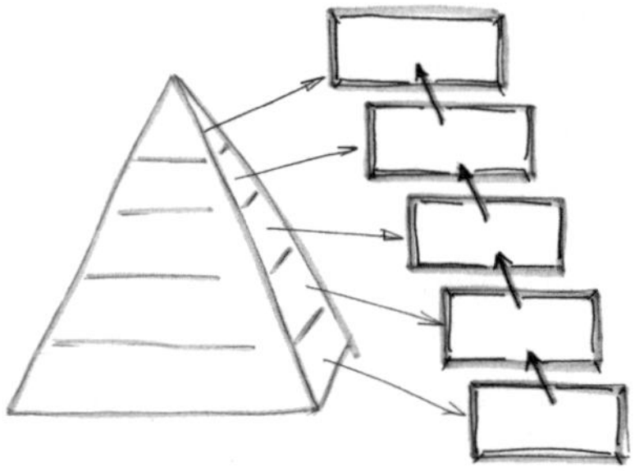

Abb. 9: **Sie verknüpfen Ihre Symbolbilder zu den fünf Stufen der Maslowschen Bedürfnispyramide zu einer Fantasiegeschichte.**

Anschließend verknüpfen Sie die einzelnen Bilder zu einer Fantasiegeschichte. – Falls Sie sich selber nicht als kreativ genug einschätzen, dann überlegen Sie bitte, welche Geschichte ein aufgewecktes Kind hierzu entwickeln könnte: Über diesen gedanklichen Umweg können Sie eine solche Fantasiegeschichte dann doch selbst entwickeln!

Sie brauchen sich keine elegante Geschichte auszudenken. Es kommt lediglich darauf an, dass Ihre Geschichte für Sie selbst rekonstruierbar ist: Das Erinnerungs-Ergebnis entscheidet über den Nutzen, nicht die „Schönheit" der Geschichte!

Wie bilden zwölf Tiere in Ihrem Gedächtnis einen Kreis?

Im Februar 2007 begann nach dem chinesischen Horoskop das Jahr des Schweins. Etwa ein Jahr später folgt das Jahr der Ratte.

Experiment 5

Bitte prägen Sie sich die 12 Tierkreiszeichen in ihrer richtigen Reihenfolge ein: Schwein – Ratte – Büffel – Tiger – Hase – Drache – Schlange – Pferd – Ziege – Affe – Hahn – Hund. Sie können hierzu dasselbe Lernprinzip anwenden wie bei den Stufen der Bedürfnispyramide nach Maslow.

Sehen Sie also zunächst vor Ihrem „geistigen Auge" ein Schwein. Ausgehend von dieser bildhaften Vorstellung denken Sie sich bitte eine kreative Verbindung hin zu einer Ratte aus. Eine solche Verbindung könnte zum Beispiel sein: „Ein Schwein wühlt im Schlamm und scheucht dabei eine Ratte auf."

Als Nächstes verbinden Sie (nur) das Bild der Ratte mit einem Büffel, zum Beispiel so: „Die Ratte springt etwa drei Meter hoch und landet dann auf der Horn-Spitze eines Büffels."

Und nun verbinden Sie (nur) das Bild des Büffels mit einem Tiger, ungefähr so: „Der Büffel schüttelt heftig seinen Kopf hin und her und schlitzt dabei mit seinem Horn versehentlich den Bauch eines Tigers – genau an einem seiner Fellstreifen entlang ..."

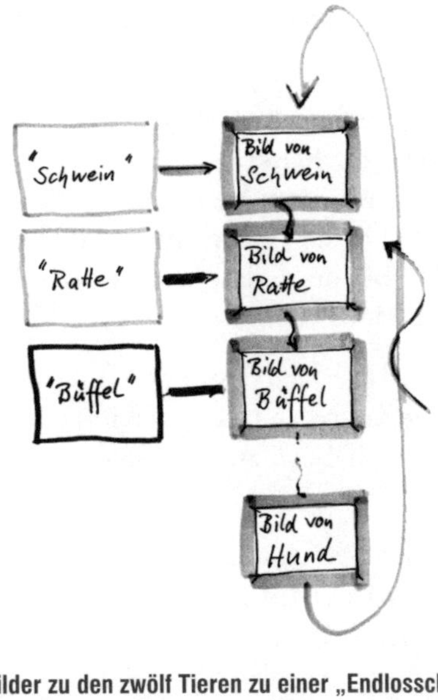

Abb. 10: **So verknüpfen Sie Ihre Bilder zu den zwölf Tieren zu einer „Endlosschleife".**

Wenn Sie beim Hund angekommen sind, dann konstruieren Sie noch eine letzte kreative Verknüpfung hin zum Schwein; denn dann geht es wieder von vorn los.

Wie können Sie Info-Ketten sonst noch zusammenhalten?

Sie lernen in diesem Buch noch weitere Varianten des kreativen Lern-Denkens kennen, um sich Informationsketten einzuprägen – jede Variante hat spezielle Vorzüge.

Möglicherweise entscheiden Sie sich in einer beruflichen oder privaten Lernsituation für eine Kombination mehrerer Methoden. Sie können zum Beispiel die Hauptgedanken einer frei vorzutragenden Rede nach der Methode der Orte oder mit Hilfe der Rangpositions-Methode erinnerbar machen; Unterpunkte verknüpfen Sie dann unter Umständen nach dem System der Geschichten-Methode.

Auch wenn es an dieser Stelle noch nicht glaubhaft klingt: Selbst längere Ziffernfolgen können Sie sich mit Hilfe der Geschichten-Methode ganz rasch einprägen.

Warum finden Kinder das Alphabet künftig tierisch lustig?

Wahrscheinlich haben Sie das Alphabet – wie wohl alle anderen Personen auch – phonetisch gelernt: „A – B – C“ usw., und vermutlich jeweils in kleinen Abschnitten. – Das ist übrigens nichts anderes als auswendig lernen = pauken.

Wenn Sie das Alphabet in phonetischer Weise nicht auch rückwärts gelernt haben, dann sind Sie wahrscheinlich nicht in der Lage, die Buchstaben „von hinten her“ aufzuzählen. (Dafür gibt es typischerweise ja auch keinen sinnvollen Anwendungsfall.)

Experiment 6

Wie könnten Sie sich darauf vorbereiten, das Alphabet (in langsamem Tempo) rückwärts aufzusagen?

Lösungsvorschlag: Viele Kinder bekommen etwa im Alter von zwei oder drei Jahren ein spezielles Tier-Bilderbüchlein geschenkt. Zu jedem Buchstaben ist darin ein Tier abgebildet, dessen Bezeichnung mit dem betreffenden Buchstaben beginnt, zum Beispiel zum „A“ der Affe, zum „D“ der Delfin, zum „M“ die Maus usw. Die Kinder haben Spaß daran, solche Bilderbücher zu lesen: „A wie der Affe“, „(stummes) D wie der Delfin“, „(stummes) M wie Maus“ usw.

Sobald das Kind alle Tiere und die dazu passenden Buchstaben erkennen und bezeichnen kann, könnten Sie sich gemeinsam mit dem Kind eine lustige Geschichte ausdenken, nämlich das „tierische Alphabet“, zum Beispiel so:

Der AFFE laust den Biber.
Der BIBER nagt am Schwanz des Chamäleons Cäsar.
Das CHAMÄLEON CÄSAR leckt am Delfin.
Der DELFIN springt über den Elefanten.

Der ELEFANT besprüht mit seinem Rüssel den Fuchs.
Der FUCHS läuft der Gans hinterher.
Die GANS beschwert sich schnatternd beim Hasen.
Der HASE läuft kreuz und quer hoppelnd mit dem Igel um die Wette.
Der IGEL gibt mit einem seiner Stacheln dem Jaguar die „Sporen".
Der JAGUAR schmust mit der Katze.
Die KATZE schlägt mit ihrem Katzenpfötchen nach der Libelle.
Die LIBELLE steht wie ein Hubschrauber in der Luft und fächert auf diese Weise der piepsenden Maus frische Luft zu.
Die MAUS tritt dem Nashorn auf den Fuß.
Das NASHORN rammt sein Horn gegen den Kopf des Ochsen.
Der OCHSE glotzt den Pinguin an.
Der PINGUIN watschelt zum Wasser, um die Qualle zu fangen.
Die QUALLE schmiegt sich schwebend an die Robbe.
Die ROBBE balanciert auf ihrer Nase das Seepferdchen.
Das SEEPFERDCHEN hüpft durch die Fänge des Tintenfischs.
Der TINTENFISCH bespritzt den Uhu mit Tinte.
Der UHU stürzt sich bei Dunkelheit auf die Viper.
Die VIPER schlängelt sich um das Bein des heulenden Wolfes.
Der WOLF hetzt die Xanthippe (griech.: gelbe Stute) durch den Wald.
Die XANTHIPPE zankt mit dem dickfelligen Yak.
Der YAK staunt über die Zebrastreifen des Zebras.
Das ZEBRA erzählt dem Affen die Story – von Anfang an.

Kreatives Denken anstelle von Pauken: Das wird dem Kind viel Spaß machen und auch Ihnen selbst! – Sobald Sie und das Kind die Geschichte frei aus der Erinnerung wiedergeben können, können Sie die Geschichte gemeinsam rückwärts zu erzählen versuchen ...

Wer bereits als Kind seine Kreativität in dieser oder ähnlicher Form auch zum Lernen nutzt, wird ein Leben lang davon profitieren: Schon als Schulkind wird es diese Methode gut gebrauchen können – zu Anfang vielleicht beim Kinder-(Gedächtnis-)Spiel „Ich fahre zu meiner Tante nach Amerika und packe in den Koffer ...", dann in der Schulzeit für „schwierige" Sachkunde-Informationen, für Vokabeln und Fremdwörter, für mathematische oder physikalische Formeln.

Später ergibt sich vielleicht die Situation, dass sich der Heranwachsende innerhalb eines betrieblichen Einstellungstests unter anderem zwanzig Begriffe einprägen soll oder die Namen zu zehn Passfotos ...

Und noch ein paar Jahre später wird der junge Mensch unter Umständen bei einem Versicherungsunternehmen als Ausbilder arbeiten. Dort vermittelt er neuen Mitarbeitern die fünf Obliegenheiten in der Feuerversicherung nach einem Schadenfall (siehe nächste Frage).

Wie nutzen Sie als Führungskraft Ihr kreatives Lern-Denken?

Sofern Sie die gedächtnisfreundlichen Einprägungsmethoden für sich selbst erfolgreich nutzen, dann werden Sie diese Methoden – bewusst oder unbewusst – auch anwenden, um Ihre Mitarbeiter effizienter zu informieren bzw. zu unterrichten.

Experiment 7

Wie würden Sie, als Ausbilder in der Versicherungswirtschaft, Ihren neuen Mitarbeitern die fünf Obliegenheiten nach einem Brandschaden darstellen? Es handelt sich um folgende Pflichten:

- Schadenverhütungs-/Schadenminderungspflicht
- unverzügliche Schadenmeldung bei der Polizei
- unverzügliche Schadenmeldung bei der Versicherungsgesellschaft
- Auskunftspflicht gegenüber der Versicherungsgesellschaft (Wie ist der Schaden entstanden, wie hat er sich entwickelt?)
- Belegpflicht gegenüber der Versicherungsgesellschaft (Angaben und Beweise zur Schadenhöhe)

Der *Lösungsvorschlag* einer Seminarteilnehmerin – als roter Faden für ein Lehrgespräch:

- „Stellen Sie sich vor, dass es in Ihrem Appartement brennt. – Was würden Sie tun?" (Zu löschen versuchen – *Schadenminderung*; die *Schadenverhütung* steht in unmittelbarem Zusammenhang und braucht deshalb nicht in besonderer Weise „codiert" zu werden.)
- „Wenn Ihre Löschaktion nicht erfolgreich ist: Was würden Sie als Nächstes tun?" (die Feuerwehr anrufen; OK! – Gemeinsam mit der Feuerwehr kommt sowieso die Polizei = *polizeiliche Meldung)*
- „Nachdem die Löschaktion beendet ist: Woran denken Sie wahrscheinlich als Nächstes?" (die Versicherung soll zahlen; also die Versicherung vom Brand informieren – *Schadenmeldung bei der Versicherung)*
- „Der Sachbearbeiter bei der Versicherung ist ziemlich neugierig: Was wird er wohl wissen wollen?" (Wie kam es zum Brand? – *Auskunftspflicht)*
- „Der Schadensachbearbeiter hat Zweifel, ob der Schaden wirklich so hoch ist. Wie können Sie seine Zweifel ausräumen?" (*Belegpflicht:* Kaufbelege, Zeugenaussagen o. Ä.)

Der Lernende braucht sich bei einer solchen Geschichte lediglich an ein einziges Informationsglied zu erinnern und erkennt dann – wie bei den Gliedern einer Fahrradkette – auch die anderen Glieder, die sich davor bzw. dahinter befinden. Eine solche Geschichte auszudenken, erfordert kaum Zeit und Mühe. Dennoch ist eine solche Lernunterstützung durch Ausbilder, die die Geschichten-Methode niemals für sich selbst als Lernhilfe genutzt hatten, leider eher unwahrscheinlich ...

Zwischengedanke: Können Sie sich jetzt daran erinnern, in welchen vier Fällen das „verstehende Lernen" nicht zum Erfolg führt? Gegebenenfalls nutzen Sie nun die Geschichten-Methode als zusätzliche Einprägungshilfe. – Am Ende des Buches lesen Sie diese Frage noch ein weiteres Mal ...

Was hat Ihre Tante in Amerika mit Gedächtnistraining zu tun?

Spielen Sie mit Ihren Kindern während längerer Autobahnfahrten das bekannte Gedächtnisspiel: „Ich fahre zu meiner Tante nach Amerika und packe in meinen Koffer: ..."

Sobald Sie und Ihre Kinder keine Probleme mehr damit haben, rasch neue Assoziationen herzustellen, dann verzichten Sie hin und wieder innerhalb einzelner Spielrunden darauf, alle zuvor genannten Gegenstände zu wiederholen. Beschränken Sie sich also in solch einer einzelnen Spielrunde darauf, lediglich neue Gegenstände zu nennen.

Wenn Ihre Kinder schon etwas älter sind, dann könnten Sie den Schwierigkeitsgrad auch dadurch erhöhen, dass Sie statt einzelner Gegenstände mehr abstrakte Informationen verketten, zum Beispiel

- die Namen von Verwandten, Freunden und Prominenten,
- Städte- und Ländernamen,
- Gebirgszüge und Flüsse,
- historische Ereignisse, zum Beispiel Hannibals Zug über die Alpen, Alexander der Große zerschlägt den Gordischen Knoten, Heinrich VIII von England gründet die Anglikanische Kirche, Mauerbau in Berlin, ...

7. „Klingklangs“ bebildern

Wieso scheinen nur wenige Vokabeln leicht lernbar zu sein?

Experiment 8

Bitte prägen Sie sich die folgenden Vokabeln ein:

türkisch	**Aussprache**	**deutsch**
Sandalye	*sandalie*	Stuhl
Köpek	*köpek*	Hund
Terazi	*terasi*	Waage
Fiş	*fisch*	Elektrostecker
Tarak	*tarak*	Kamm
Yay	*jai*	Spiralfeder
Kova	*kowa*	Eimer
Kask	*kask*	Sturzhelm
Ayna	*aina*	Spiegel
Baston	*basstonn*	Spazierstock
Kürek	*küreck*	Spaten
Duş	*dusch*	Dusche

Lösungsvorschlag: Bitte prüfen Sie zunächst, ob es bei den zwölf Vokabeln einige gibt, die Ihnen von vornherein als „leicht“ erlernbar erscheinen. Es könnte sein, dass Sie die türkischen Vokabeln für Stuhl, Waage, Elektrostecker und für Sturzhelm als „leichte“ Vokabeln einschätzen, weil Ihnen deren Aussprache irgendwie bekannt vorkommt:

- Sandalye [*sandalie*] klingt wie Sandale.
- Terazi [*terasi*] klingt wie Terrasse.
- Fiş [*fisch*] klingt wie Fisch.
- Kask [*kask*] klingt wie Kaskade oder wie Kasko-Versicherung.

Und erst recht haben Sie eine Klangähnlichkeit bei Duş entdeckt. Hierzu gibt es offensichtlich einen Wortstamm, dem auch der deutsche Begriff „Dusche“ entspringt; es handelt sich hierbei sogar um eine sachlich-logische Verbindung.

Sofern Sie eine romanische Sprache beherrschen, dann werden Sie bei der Vokabel „Baston“ ebenfalls einen Ihnen bekannten Wortstamm erkannt haben. Deshalb können Sie auch hierbei einen sachlich-logischen Teil Ihres Vorwissens zum leichteren Lernen nutzen.

Solche Wahrnehmungen hatten Sie bereits in Ihrer Schulzeit bei einigen der damals zu lernenden Vokabeln. Andere Vokabeln, zu denen Sie keinen Wortstamm oder keine zufällige Klangähnlichkeit entdeckten, hatten Sie vermutlich als „schwer" lernbar empfunden.

Wie machen Sie sich schwere Vokabeln leichter?

Auf keinen Fall sollten Sie „phonetisch pauken"/„klanglich einhämmern" in der Art:

Köpek – Hund || Hund – Köpek
Dudak – Lippe || Lippe – Dudak

Selbstverständlich müssen die Vokabeln in Ihrem „*phonetischen* Gedächtnis" landen. Um jedoch den Weg zu den dortigen „Lagerplätzen" leichter finden zu können, hilft Ihnen eine *bildhafte* Vorstellung; bildhafte Vorstellungen hinterlassen markante Erinnerungsspuren. Außerdem wirkt klangliches „Einhämmern" eher de-motivierend!

Erinnern Sie sich bitte an das Beispiel mit der italienischen Vokabel für „Schwiegermutter" = suocera. Es diente zur Demonstration, dass Sie auch dann Ihr Vorwissen zum Lernen neuer Informationen gezielt nutzen können, sofern es keine sachlich-logische Beziehung gibt.

Deshalb sollten Sie künftig intensiver als bisher nach irgendwelchen Klangähnlichkeiten innerhalb Ihres Vorwissens suchen.

Anschließend können Sie kreative Verknüpfungen konstruieren, die die *bildliche* Bedeutung der Vokabel und deren fremdsprachlichen *Klang* miteinander verbinden. So könnten Sie zum Beispiel auf folgende Lösungen kommen (oder auf völlig andere!):

- Sandalye (Stuhl): Auf dem *Stuhl* liegt eine **Sandal_e**.
- Köpek (Hund): Der *Hund*/**Kö**ter bewacht des **Kö**nigs Ge**p**ä**ck**.
- Terazi (Waage): Die *Waage* steht bei uns auf der **Terrasse**.
- Fiş (Elektrostecker): Mit einem *Elektrostecker* kann ich auch einen **Fisch** erschlagen.
- Tarak (Kamm): Im *Kamm* befindet sich noch eine Faser **TaBak**.
- Yay (Spiralfeder): Ist die *Spiralfeder* gespannt oder nicht? **Jein**.
- Kova (Eimer): Der *Eimer* wird gebraucht, um einen **Ko**hlen**wa**gen zu beladen.
- Kask (Sturzhelm): Mein Freund steht mit einem *Sturzhelm* auf dem Kopf unter einer **Kask**ade.
- Ayna (Spiegel): **Einer** guckt in den *Spiegel* rein, ein anderer guckt raus.
- Baston (Spazierstock): Vom oberen zum unteren Teil des *Spazierstocks* ist ein **Bast**-Faden gespannt; damit erzeugen wir einen **Bass-Ton** – oder der **Bass** auf einer **To**n**n**e.
- Kürek (Spaten): Ich turne mit dem *Spaten* in der Hand eine **Kür** am **Reck**.
- Duş (Dusche): ...

Zunehmend werden Sie solche Klangähnlichkeiten immer schneller finden, und zunehmend werden Sie auch Klangähnlichkeiten für sich selbst akzeptieren, die Sie kaum jemand anderem zumuten wollen ...

Haben Sie Ihre Muttersprache etwa so gelernt: „gehen, ging, gegangen“?

Beim Fremdsprachen-Lernen sollten Sie sich auch daran orientieren, wie Sie Ihre Muttersprache gelernt hatten:

- Zunächst hatten Sie nur gesehen, was die Mutter Ihnen zeigte und gehört, was sie dazu sagte: „Mama“, „Papa“, „Oma“, „Puppe“, „Fläschchen“.
- Dann hatten Sie die liebevollen Anweisungen Ihrer Mutter verstanden und ausgeführt, zum Beispiel: „Hol doch mal den Ball!“, „Zeig mal, wo dein Löffel liegt!“
- Dann machten Sie die ersten Versuche, einzelne Wörter nachzusprechen.
- Noch etwas später haben Sie eigene Kurzsätze formuliert: „will haben“, „mag nicht“.
- Schließlich waren Sie fähig, die ersten kompletten Kurzsätze zu bilden.

Mütter lehren die Sprache also nicht in der Weise, wie Kinder in der Schule zum Teil noch immer Englisch lernen: „go, went, gone – gehen, ging, gegangen“ (und die anderen 80 unregelmäßigen Verben), sondern eher so: „Wir gehen zur Oma“ und: „Papa ist gekommen.“

Was bringt Ihnen mehr als das Lernen einzelner Vokabeln?

Ein 6-jähriges Kind, das gerade erst zur Schule geht, kann seine Muttersprache schon ziemlich gut verstehen und sprechen – ohne dass es sich bis dahin bereits mit Grammatik-Regeln auseinander gesetzt hätte! Es hat seine Muttersprache in erster Linie nachahmend gelernt. Auch Erwachsene lernen viel durch Nachahmung. Ein neuer Mitarbeiter übernimmt zum Beispiel ganz schnell den Stil, wie seine Kollegen mit den Kunden umgehen: entweder ruppig oder besonders kundenorientiert.

Das Nachahmungsprinzip können Sie auf Ihr Sprachen-Lernen übertragen: Lernen Sie nur zu Beginn einzelne Vokabeln; gehen Sie dann dazu über, kleine Sätze oder zumindest Satzfragmente nachzusprechen. Das hat den Vorteil, dass Sie die Grammatik – einfach so nebenbei – mitlernen, zum Beispiel so:

- I am hungry.
- This is my head.
- Peter is in the garden mending the fence.

Es gibt eine ungewöhnliche Variante, wie Sie sehr schnell ein Gefühl für die Struktur einer fremden Sprache bekommen, ohne grammatische Regeln zu pauken: Übersetzen Sie die fremdsprachlichen Formulierungen Wort für Wort*, zum Beispiel so:

Dove si paga?
Wo man bezahlt?

Ha qualcosa di meno caro?
Haben-Sie etwas von weniger teuer?

---

* Die Wort-für-Wort-Übersetzungen sind ein zentraler Bestandteil der Birkenbihl-Sprachlernmethode; Vera F. BIRKENBIHL: Sprachen lernen leicht gemacht. Die Birkenbihl-Methode, Fremdsprachen zu lernen. Offenbach: Gabal 2005.

Mi scusi, dove posso comprare della frutta?
Mich entschuldige, wo kann-ich kaufen von Obst?

Schreiben Sie die fremdsprachlichen Sätze am besten auf Lernkarten: auf die eine Seite die fremdsprachliche Formulierung, auf die andere Seite die passende Übersetzung, ggf. die Wort-für-Wort-Übersetzung.

Mit Hilfe von Lernkarten machen Sie Ihr Wiederholungs-Lernen effizienter: Lernkarten haben gegenüber Eintragungen in einem Vokabelheft unter anderem den Vorteil, dass Sie sie auseinandersortieren können: Welche Vokabeln beherrschen Sie bereits und welche noch nicht? So brauchen Sie sich nur noch auf diejenigen Inhalte zu konzentrieren, die Sie noch nicht so gut beherrschen. Das bedeutet Zeitersparnis. Und da Sie Ihre Lernfortschritte über die zunehmende Stapelhöhe der Gewusst-Karten und die abnehmende Stapelhöhe der Noch-nicht-gewusst-Karten auch optisch wahrnehmen, verstärken Sie damit unbewusst Ihre Lernmotivation.

Wie erinnern Sie sich an die europäischen Hauptstädte?

Folgender Dialog hatte sich sinngemäß zwischen meinem damals 11-jährigen Sohn und mir entwickelt:
Sohn: „Wir sollen in 14 Tagen die Hauptstädte aller (etwa 40) europäischen Länder auswendig wissen."
Vater: „Hat euch der Lehrer auch gesagt, wie ihr das am besten schafft?"
Sohn: „Genau das hat der Alex gefragt. Herr Sch. hat aber gesagt, wir sollen uns gefälligst auf den Hintern setzen und lernen, wie er das früher auch machen musste."
Vater: „Hat er euch keine Tipps gegeben?"
Sohn: „Nein."

Experiment 9

Bitte prägen Sie sich zu folgenden europäischen Staaten die Namen der Hauptstädte ein:

Albanien	*Tirana*	Bosnien-Herzegowina	*Sarajewo*
Bulgarien	*Sofia*	Estland	*Tallinn*
Kroatien	*Zagreb*	Lettland	*Riga*
Mazedonien	*Skopje*	Moldawien/Moldau	*Kischinau*
Rumänien	*Bukarest*	Slowakei	*Bratislava*
Slowenien	*Ljubljana*	Tschechien	*Prag*
Ukraine	*Kiew*	Ungarn	*Budapest*
Weißrussland	*Minsk*	Litauen	*Vilnius*

Die Lernaufgabe „Staaten – Hauptstädte" ist besonders schwer, denn hier sind „Doppel-Vokabeln" zu bewältigen: Sowohl die meisten Staaten-Bezeichnungen als auch deren Hauptstadt-Namen sind für ein Kind lediglich fremde Klänge, weil es im Normalfall weder ein Vorwissen zu diesen Staaten noch zu deren Hauptstädten hat. – Die

Aufgabe ist also deutlich schwerer, als sich zum vorstellbaren „Hund" oder „Elektrostecker" die Klänge der türkischen Entsprechungen einzuprägen!

Lösungsvorschlag: Mein Sohn und ich hatten uns seinerzeit unter anderem folgende phonetische Assoziationen ausgedacht ... und dabei viel Spaß gehabt:

- Mein Sohn wirft eine *ungarische* Salami (Ungarn) nach seinem älteren Bruder, der daraufhin von der „Bruderpest" (Budapest) befallen wird.
- Ein Bulle (Bulgarien) sitzt auf dem Sofa (Sofia).
- Ein großes Fass Rum (Rumänien) kullert vorn am Bug (Bukarest) des Schiffes rum.

Warum erscheinen manche Fremdwörter tückischer als türkische Vokabeln?

Experiment 10

Bitte prägen Sie sich die folgenden sieben Beispiele ein – Sie sollten anschließend den jeweiligen Begriff bzw. die jeweilige Bedeutung nennen können.

unerlaubtes Dopingmittel (Designer-Steroid) aus den USA	*Tetrahydrogestrinon*
chirurgische Öffnung des Schädelknochens	*Kraniotomie*
Diagramm, das die Gehirnströme darstellt	*Elektroenzephalogramm*
„Gute-Laune-Hormon", dessen Produktion im Körper durch Lichtreize (Sonnenstrahlung) angekurbelt wird	*Serotonin*
Wirkstoff von „Aspirin", dem antirheumatischen, Fieber senkenden und Schmerz stillenden Arzneimittel	*Acetylsalicylsäure*
zwei Molekülketten, die der Träger der Erbinformation sind	*Desoxyribonukleinsäure*
Schwankungsbreite des Kurses einer Aktie	*Volatilität*

Wahrscheinlich empfinden auch Sie es als schwerer, sich die oben genannten sieben Fremdwörter mit ihrer Bedeutung einzuprägen als die zuvor vorgestellten türkischen Vokabeln. Die Ursachen hierfür sind vermutlich:

- Fehlendes Vorwissen zum Inhalt: Bei der Umschreibung der fremdsprachlichen Begriffe, zum Beispiel „unerlaubtes Dopingmittel (Designer-Steroid) aus den USA", handelt es sich eher um spezielles Fachwissen als um Informationen der Umgangssprache, wie „Hund" oder „Elektrostecker". – Falls Sie noch nicht über das betreffende Fachwissen verfügen, müssten Sie erst einmal die darin eingebundenen Informationen kennen lernen.
- Fremdwörter sind nichts anderes als Vokabeln. So wie es einfache und komplizierte deutsche Wörter gibt, so gibt es auch einfache und komplizierte fremdsprachliche Begriffe. Ein möglicher Test: Bitten Sie doch einmal ein dreijähriges Kind, das Wort „Donaudampfschifffahrtskapitän" nachzusprechen ... – Je mehr Wortteile das Kind

bereits kennt und nachsprechen kann („Vorwissen" also auch hier!), desto eher wird es in der Lage sein, das komplette Wort nachzusprechen und es sich einzuprägen.

Aber in einem Punkt ist es leichter, sich Fremdwörter einzuprägen als Fremdsprachen-Vokabeln: Fremdwörter wollen Sie meist nur einzeln lernen; Vokabeln lernen Sie meist in größeren Stückzahlen.

Was können Sie aus komplizierten Fremdwörtern machen?

Zum Beispiel: „Tetrahydrogestrinon". – Wie beim Vokabellernen stellt sich auch hier die Frage nach dem Vorwissen: Welche Wortteile kennen Sie bereits (ggf. als Wortstämme) oder als Klangähnlichkeiten? – Sie können „Tetrahydrogestrinon" zum Beispiel in folgende Einzelteile zerlegen:

- Tetra – wie ***Tetra***-Pak
- hydro – wie ***Hydro***-Kultur
- gestri – wie ***gestri***ge Erfahrungen (oder wie ***gestri***egeltes Pferd)
- non – wie ***non***ame (oder wie ***Non***sense)

Die phonetischen Assoziationen können Sie anschließend mit einer Kreativ-Geschichte verknüpfen, zum Beispiel so: „Ein Sportler nimmt das unerlaubte Dopingmittel aus einem *Tetra*-Pak mit Flüssigkeit zu sich, die aus einem *Hydro*kultur-Kübel stammt; er bleibt dennoch ein ewig *gestri*ger *Non*ame."

Wie gehen Sie mit schwierigen Fach-Informationen spielerischer um?

Angenommen, Sie verfügen noch nicht über das Hintergrundwissen zu den betreffenden Informationen. Dann könnten Sie sich „schlau" machen, indem Sie zum Beispiel im Internet verschiedene Texte zu „Designer-Steroide" abrufen und lesen. Anschließend werden Sie jemandem mit eigenen Worten erzählen können, was „Designer-Steroide" sind: Welche verschiedenen Varianten es gibt; woraus und wie sie hergestellt werden; wie man sie nachweisen kann usw.

Wenn Ihr Interesse allerdings so weit gar nicht geht, dann könnten Sie entweder die Formulierung „unerlaubtes Dopingmittel (Designer-Steroid) aus den USA" auswendig lernen („phonetisch einhämmern", pauken) oder sich ersatzweise eine kreative Lösung ausdenken. Eine kreative Lösung hierzu kann zum Beispiel so aussehen:

- Ein Radfahrer verlangt ein Doping-Mittel (unerlaubte Substanz), um seine Leistungsfähigkeit zu steigern. Dieses Dopingmittel wird von einem ausgeflippten Mode-*Designer* kreiert,
- und zwar bei lärmender *Ste*reo-Musik und mit zahlreichen Pola*roid*-Aufnahmen.

8. Die neue Gedächtnisbewegung

Welche Lernbewegungen bewegen Ihr Gedächtnis?

Es gibt unterschiedliche Methoden, die Sie zum Lernen nutzen können. Eine der noch ungewöhnlichen Methoden ist das Verknüpfen von Informationen mit Bewegungen, die Sie sich hierzu ausdenken.

Ein Beispiel: Als mein Sohn anfing, die ersten Englisch-Vokabeln zu lernen, hatte er zunächst Probleme mit „Stuhl/chair" und mit „bitte/please". Ich gab ihm einen Tipp, der ihm spaßig vorkam: „Sag doch mal ‚chair' und erheb dich dabei kurz von deinem Stuhl und lass dich sofort wieder fallen. Und dann das Ganze noch einmal!"

Einen ähnlichen Hinweis gab ich ihm zur zweiten Vokabel: „Sag doch mal ‚please' und mache dabei ein- oder zweimal eine weit ausladende Bewegung mit dem Arm, so als würdest du wie ein Diener jemanden in einen Raum hinein bitten."

Beim späteren Abfragen der Vokabeln hatte er zunächst erneut seine Schwierigkeit mit „Stuhl" und „bitte". Deshalb fragte ich ihn, ob er sich erinnern könne, welche Bewegungen er vorher hierzu gemacht hatte. Ja, die Bewegungen fielen ihm ein, er führte sie aus, und im selben Moment sprach er die betreffende Vokabel aus!*

Wie übersetzen Sie Vokabeln in „Gebärdensprache mit Ton"?

Das Bewegungsbeispiel mit „Stuhl" und „bitte" funktioniert selbstverständlich auch in Verbindung mit anderen Sprachen; denn das Gehirn verknüpft die Bewegung bzw. die Bedeutung der Bewegung mit dem hierzu ausgesprochenen „Wortklang".

Zu folgenden Wörtern wird es Ihnen leicht fallen, sich passende Bewegungen auszudenken:

essen	rund	Wendeltreppe
schlafen	breit	Hammer
nachdenken	hoch	Ball
schreien	tief	Vogelfeder

* Erste Ansätze zum Fremdsprachenlernen mit Hilfe von Bewegungen gehen auf COMENIUS (17. Jahrhundert) zurück; sie wurden von GOUIN im 19. Jahrhundert aufgegriffen und seit den 1970-er Jahren mehrfach wissenschaftlich bestätigt; Fachbegriff „Total Physical Response (TPR)".

Sie könnten hierzu passende Bewegungen ausführen und die betreffenden fremdsprachlichen Wörter laut sprechen. Auf diese Weise verknüpfen Sie also nicht einen muttersprachlichen und einen fremdsprachlichen „Klingklang“ miteinander, sondern die Vorstellung zur Wortbedeutung mit einer Bewegung und mit dem fremdsprachlichen „Klingklang“.

Warum fördern Ihre Bewegungen die „Verdauung“ von Vokabeln?

Bereits an anderer Stelle hatten Sie gelesen, dass unser Gehirn die zu speichernden Informationen mit anderen Informationen vernetzt:

- Zum Beispiel verknüpft es die Absicht, etwas Bestimmtes im Keller zu erledigen, mit der Umgebung, in der diese Absicht entstand.
- So kommen Sie zum Beispiel bei einem ungezwungenen Plausch leicht „vom Hölzchen aufs Stöckchen“ zu sprechen; denn das eine hängt irgendwie mit dem anderen zusammen.
- Wenn Sie in ein fremdes Haus kommen, kann es sein, dass Sie dort einen Geruch wahrnehmen, der Ihnen bekannt vorkommt und der Sie an eine frühere Situation erinnert, zum Beispiel: „Wie bei meiner Großmutter.“
- Oder Sie hören im Radio einen Schlager, der vor einigen Jahren aktuell war, und Sie erinnern sich an eine Begebenheit aus dieser Zeit.
- Wenn Sie über etwas reden wollen, dann brauchen Sie nur den betreffenden Gedanken zu fassen, und sofort stehen Ihnen hierzu die betreffenden Wörter zur Verfügung.

Im Gehirn werden offenbar auch Bewegungen mit Informationen verknüpft, zum Beispiel die Bewegungsinformation eines einladenden Dieners mit der Vokabel „please“.

Machen Sie deshalb Ihr Fremdsprachen-Lernen dadurch effizienter, dass Sie Alltagsformulierungen in der von Ihnen gewählten Zielsprache laut sprechen und passende Bewegungen – am besten in übertriebener Weise – ausführen. In einer Lerngruppe wird das sicherlich lustiger sein als zu Hause allein vor dem Spiegel. Regen Sie deshalb Ihre Mitlernenden an, kleine Sketche zu spielen, wie sie sich im Land der Zielsprache ergeben könnten.

Wie lernen Sie „Gruppe“ pantomimisch?

Definitionen sind übrigens ein gutes Beispiel dafür, dass man Vieles eben nicht allein durch Verstehen lernen kann, denn irgendjemand (oder ein Fachgremium) legt irgendwann einmal fest, was man künftig als XY bezeichnen soll.

Zum Beispiel diskutieren Astronomen seit einigen Jahren, was sie unter einem Planeten verstehen wollen. Nach ihrer aktuellen Definition ist der ehemalige Planet Pluto jetzt keiner mehr ...

Experiment 11

Bitte überlegen Sie, wie Sie sich folgende Definition zu „soziale Gruppe“ mit Hilfe von Bewegungen einprägen können:

- eine Mehrzahl von Personen (mindestens zwei),
- die Personen stehen in unmittelbarem Kontakt zueinander,
- sie haben ein Wir-Gefühl (Gruppenzugehörigkeitsgefühl),
- sie verfolgen ein gemeinsames Ziel,
- innerhalb ihrer Gemeinschaft gibt es eine Rollen-(Aufgaben-)Verteilung,
- innerhalb dieser Gemeinschaft gibt es Normen (Spielregeln).

Lösungsvorschlag:

- Sie deuten mit der Hand auf eine imaginäre Person Ihnen gegenüber (= mindestens zwei Personen).
- Sie ergreifen ihre Hände und bilden einen imaginären Kreis (= unmittelbare Kommunikation).
- Sie reißen gemeinsam Ihre noch miteinander verbundenen Hände in die Höhe (= Wir-Gefühl).
- Dann zeigen Ihre Arme mit energischer Bewegung in die Richtung eines imaginären Zielbandes; Sie gehen darauf zu (= gemeinsame Zielsetzung).
- Sie bücken sich an der Stelle, wo der linke Fahnenmast des Zielbandes im Boden steckt, um von dort unterschiedliche Masken aufzuheben, die Sie sich vor Ihre Gesichter halten (= unterschiedliche Rollenverteilung).
- Von der Stelle, an welcher der rechte Fahnenmast im Boden steckt, heben Sie Drehbücher auf, nach denen Sie nun ein Theaterstück spielen (= Normen/Spielregeln).

In dieser Form habe ich vor Jahren den Teilnehmern im Seminar „Ausbildung der Ausbilder“ zur Vorbereitung auf die Prüfung nach der Ausbildereignungsverordnung den Begriff „Gruppe“ vermittelt. Das fanden die Teilnehmer zwar komisch, aber gegen Ende des Seminars hatten die meisten Teilnehmer nicht nur die Definition im Kopf, sondern auch eine hilfreiche Erkenntnis gewonnen. – Einige Teilnehmer konnten sich jedoch mit dieser Art des Lernens nicht anfreunden ... jedenfalls nicht schon während der Dauer des Seminars.

Wie können Sie jemandem die „berufliche Fortbildung“ bewegend beibringen?

Experiment 12

Ihre Mitarbeiter oder Schulungsteilnehmer sollen die vier Teilziele der „beruflichen Fortbildung“ wiedergeben können. (Der in der Definition enthaltene Begriff „berufliche Handlungsfähigkeit“ sei bereits bekannt.)

§ 1 (4) Berufsbildungsgesetz: „Die berufliche Fortbildung soll es ermöglichen, die berufliche Handlungsfähigkeit zu *erhalten* und *anzupassen* oder zu *erweitern* und beruflich *aufzusteigen.*“

Lösungsvorschlag:

- *erhalten:* Mit einer Hand etwas Imaginäres festhalten.
- *anpassen:* Mit einem imaginären Schraubendreher in der Hand eine Stellschraube justieren.
- *erweitern:* Die beiden geöffneten Hände seitlich nach außen bewegen.
- *beruflich aufsteigen:* Die beiden geöffneten Hände parallel nach oben führen.

Können Sie das Wissen über Muskelbewegungen mit Muskelbewegungen verknüpfen?

Medizin- und Sportstudenten, Physiotherapeuten und Aerobic-Trainer müssen unter anderem lernen, welche Vorgänge sich bei der Kontraktion von Skelettmuskeln in den so genannten „Sarkomern" abspielen. Es geht dabei nicht nur um das Verstehen und Benennen der betreffenden Fachbegriffe; die Lernenden müssen auch in der Lage sein, die komplizierten Abläufe wiederzugeben.

Um das Zusammenspiel von Aktin- und Myosinfilamenten („Ruderschlag-Prinzip") leichter „begreifen"(!) und sich schneller einprägen zu können, hatte ich den Lernenden empfohlen, sich auf den Boden zu legen. Sie haben dann mit Oberkörper-, Arm- und Greifbewegungen simuliert, wie die „Myosinköpfchen" ihre Lage verändern und sich an den „Aktinfilamenten" festkrallen bzw. sich wieder von ihnen lösen.

Wer diesen Bewegungsablauf selbst körperlich durchführt, hat einen deutlich höheren Lernnutzen, als diejenigen, die eine solche „gymnastische Übung" nur beobachten!

Wer diese „gymnastische Übung" als kindisch einschätzt, hat Recht! Kinder sind für solche Spielereien schnell zu begeistern. Hierbei geht es jedoch nicht in erster Linie um Spaß und Freude, sondern um eine noch nicht so verbreitete kreative Lernmethode, die das Verstehen, das Einprägen und Erinnern deutlich erleichtern kann.

Zum Lernen mit Bewegungen passen zwei Kernaussagen:

1. Bewegungsabläufe, wie Hürdenlauf, Häkeln, Schwimmen und Tanzen, können *nur* durch Bewegungsabläufe erlernt werden!
2. Wissensinhalte können durch passende Bewegungsabläufe – als ergänzende Methode – schneller gelernt und leichter erinnert werden.

9. Orte Ihrer Erinnerungen

Welche Rolle spielen Orte in Ihrem Gedächtnis?

Bitte erinnern Sie sich an das Beispiel mit dem Gang in den Keller: Sie waren im Keller angekommen und mussten überlegen, weshalb Sie dorthin gegangen waren. – Die Antwort hierzu fällt Ihnen im Normalfall ein, sobald Sie sich wieder an der Stelle befinden, von der aus Sie gestartet waren.

Ein anderes Beispiel: Sie machen zu zweit einen Spaziergang und unterhalten sich über verschiedene Themen. Zwei Tage später gehen Sie denselben Weg, aber diesmal allein. An manchen Stellen des Weges fällt Ihnen überraschenderweise ein, welche Details Sie mit Ihrem Begleiter zwei Tage zuvor – genau an denselben Stellen – besprochen hatten.

Vielleicht kennen Sie auch folgendes Phänomen: Sie befinden sich als Lehrender (Ausbilder, Referent, Lehrer) in einem Schulungsraum. Die Teilnehmer haben Namensschilder auf den Plätzen. Innerhalb kurzer Zeit gelingt es Ihnen, die Teilnehmer mit ihren Namen anzusprechen, ohne jeweils erneut auf die Namensschilder schauen zu müssen. – Während der Pause bewegen sich die Teilnehmer „ungeordnet" durch den Aufenthaltsraum, und Sie haben plötzlich das Problem, sich nicht mehr erinnern zu können, wer wie heißt. – Sie rekonstruieren zunächst, wer wo saß, um sich dann zu erinnern, wer wie heißt.

Es gibt eine Überlieferung aus der Zeit vor etwa 2.500 Jahren. Simonides von Keos sei Gast bei einem Festmahl innerhalb eines Steinhauses gewesen. Als er zwischendurch das Haus verlassen hatte, habe ein Erdbeben das Haus einstürzen lassen. Alle Gäste seien von den herabstürzenden Trümmerteilen erschlagen und bis zur Unkenntlichkeit verstümmelt worden. – Simonides sei von den Hinterbliebenen gefragt worden, ob er noch wisse, wer wo gesessen habe, um ihnen bei der Identifizierung der Todesopfer zu helfen. – Simonides sei davon überzeugt gewesen, sich genau erinnern zu können, ohne sich die Sitzordnung bewusst eingeprägt zu haben. Er habe sich über seine Wahrnehmung gewundert, darüber nachgedacht und daraus die antike Gedächtnistechnik entwickelt (Loci-Technik; Locus/Loci = Ort/Orte; Methode der Orte).

Warum funktioniert die Methode Ihrer Orte?

Bei der Methode der Orte machen Sie sich die Vorliebe Ihres Gehirns zunutze, Informationen mit Orten zu verknüpfen.

Zweckmäßigerweise entscheiden Sie sich vorab für ein bestimmtes Orte-System (zum Beispiel ein bestimmtes Zimmer), und zwar am besten mit einer einfach nachvollziehbaren Anordnung der einzelnen Plätze.

Die betreffenden Plätze können zum Beispiel die Möbel und andere fest platzierte Gegenstände innerhalb Ihres Wohnzimmers sein, am besten konsequent im Uhrzeigersinn betrachtet. Es kann sich aber auch um markante Gegenstände handeln, die sich auf Ihrem Weg von der Wohnungstür bis zum Garagentor befinden. (Eigentlich ist die Methode der Orte eher eine Methode der fest platzierten Gegenstände innerhalb eines Orte-Systems.)

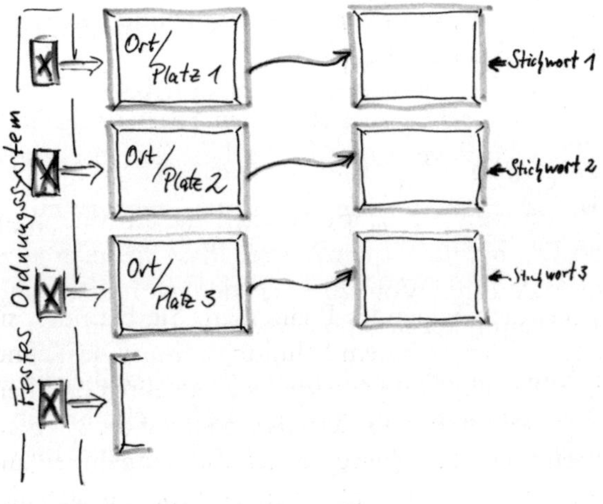

Abb. 11: **So nutzen Sie die Bilder Ihrer Orte/Plätze als Verknüpfungs-„Anker".**

Sobald Sie sich für ein bestimmtes Orte-System entschieden haben, verknüpfen Sie die darin enthaltenen Gegenstände bzw. Plätze in konsequenter Reihenfolge mit den einzuprägenden Informationen (einfache Verknüpfungspaare). Später brauchen Sie sich nur an das betreffende Orte-System zu erinnern, zum Beispiel Ihr Wohnzimmer, und schon fällt Ihnen ein, welchen Gegenstand aus dem Wohnzimmer Sie mit welcher Lern-Information kreativ verknüpft hatten.

Bei den Informationen, die Sie sich auf diese Weise einprägen wollen, kann es sich zum Beispiel um die Stichworte zu einzelnen Schritten eines Arbeitsablaufs handeln, den Sie sich anderweitig (noch) nicht merken können, oder um die Hauptgedanken einer Rede oder um die Struktur eines Einstellungsgespräches.

Wie nutzen Sie die Methode Ihrer Orte beim Einstellungsinterview?

Sie haben sich folgende Fragen aufgeschrieben, die Sie einem Bewerber im persönlichen Gespräch stellen wollen, der sich um eine Führungsaufgabe beworben hat.

Experiment 13

Bitte prägen Sie sich die folgenden Fragen* ein:
- Was waren Ihre bislang größten beruflichen Erfolge?
- Welche beruflichen Tätigkeiten üben Sie am liebsten aus?
- Was haben Sie in den letzten zwölf Monaten freiwillig für Ihre berufliche Weiterbildung getan?
- Was bedeutet für Sie „Mitarbeiterführung“?
- Wenn Sie einen Stellvertreter für sich auszuwählen hätten: Worauf würden Sie bei Ihrer Wahl besonders achten?
- Mit welcher Art von Chef kommen Sie wahrscheinlich nicht gut zurecht?
- Wer war/ist für Sie ein berufliches Vorbild?
- Was wollen Sie in fünf Jahren beruflich erreicht haben?

Wie lesen Sie die Stichpunkte vom Gesicht Ihres Gesprächspartners ab?

Lösungsvorschlag: Bestimmen Sie in diesem Fall die Erinnerungsplätze auf einem menschlichen Kopf! Das hat für Sie den Vorteil, dass Sie nicht etwa zunächst an die Einrichtungsgegenstände Ihres Wohnzimmers denken müssen und dann zusätzlich noch daran, welche Stichpunkte sie womit verknüpft hatten.

Im Gespräch wird Ihnen auf jeden Fall eine Person gegenüber sitzen, die über genügend sichtbare „Plätze“ an ihrem Kopf verfügt, die Sie schon vorab zum verknüpfenden Einprägen nutzen können. Sie können sich zum Beispiel für folgende Kopfteile entscheiden:
- die Schädeldecke (mit Haaren oder ohne Haare)
- die Stirn
- die Augenbrauen (ohne Unterscheidung: rechts/links)
- die Augen
- der Nasenrücken
- der Steg zwischen Nase und Oberlippe
- die Mundöffnung
- das Kinn.

Und wenn Ihre Frageliste mehr als acht Stichworte enthält, dann erweitern Sie die Anzahl der Erinnerungspositionen. Sie könnten entweder „engmaschiger“ vorgehen oder die Strecke verlängern, um weitere Positionen zur Verfügung zu haben. Engmaschige zusätzliche Positionen können sein: Augenlid, Pupille, Tränensackbereich (anstelle von „Auge allgemein“); Kinnfalte, Kinnspitze, Halsansatz (anstelle von „Kinn

---

* Vereinfachte Aufzählung einer Empfehlung in „Unternehmen im Wettbewerb“ (etwa 1986).

allgemein"); Positionen auf der verlängerten Strecke können zum Beispiel sein: Wange, Ohrläppchen, Ohrmuschel, Schläfe.

Im Gespräch können Sie Ihre Stichpunkte quasi vom Kopf Ihres Gesprächspartners ablesen; Ihr Gesprächspartner kann die Methode aber nicht erkennen. Er kann nur wahrnehmen, dass Sie Ihre Fragen stellen, ohne einen Spickzettel zu nutzen.

Wie machen Sie Ihre abstrakten Stichpunkte anschaulich?

Die Fragen an den Bewerber sind eher abstrakt, auf jeden Fall weniger gut zu visualisieren, als wenn Sie mit den markierten Plätzen lediglich so leicht vorstellbare Begriffe verknüpfen wollen wie „Messer", „Puppe", „Bleistift" usw.

Das Umwandeln „abstrakter" in sichtbare Begriffe kann ganz einfach sein, sofern Sie einen cleveren gedanklichen Umweg nutzen: Überlegen Sie einfach, was ein Maler zeichnen oder ein Fotograf fotografieren sollte, um die einzelnen abstrakten Begriffe anschaulich darzustellen. – Lösungsvorschläge zu den ersten vier Fragen:

- Siegerpodest, Siegerkranz, Siegerurkunde;
- eine der Tätigkeiten, die Sie selbst gerne tun;
- VHS-Programmheft, Schiefertafel, Klassenraum, Prospekt eines Fernlehrinstitutes;
- Blindenhund, Bergführer, Schiene.

Welche Ordnungssysteme wählen Sie für Ihre Methode der Orte?

Die Menge der Ordnungssysteme ist nahezu unbegrenzt. Hier einige Beispiele:

- Einrichtungsgegenstände im Kinderzimmer, im Flur, in der Küche, im Badezimmer;
- Abschnitte des menschlichen Körpers: Kopf, Hals, Schulter-/Schlüsselbein-Bereich, Brust, Bauch;
- Elemente eines Baumes: Wurzel, Stamm, Krone, Ast, Zweig, Blatt, Blüte, Frucht (anschließend: Wurm, Vogel, ...);
- Teile eines Autos: Stoßstange, Motorhaube, Windschutzscheibe, Schiebedach, Kofferraum, Auspuff; Teile des Innenraums;
- Körperteile einer Katze: Katzenzunge, Barthaare, Katzenaugen, Katzenöhrchen, Nacken, Rückenbereich, Schwanz;
- Kleidungsstücke in der Reihenfolge, wie Sie sie morgens anziehen.

Weshalb ist Ihr Frühstückstisch als Ordnungssystem wahrscheinlich ungeeignet?

Auf einem Frühstückstisch können sich viele unterschiedliche Gegenstände befinden, die prinzipiell zur Verknüpfung nach der Methode der Orte geeignet sind, zum Beispiel

die Tischdecke – der Frühstücksteller – das Messer – die Tasse –
der Teelöffel – der Eierbecher – das Glas Honig – ...

Bitte beachten Sie dabei jedoch zwei Besonderheiten:

1. Ihre Verknüpfungen zum leichteren Erinnern sind geeignet, sofern Sie unterschiedliche Arten von Gegenständen verwenden, zum Beispiel „Messer“ und „Tasse“. Dagegen würden Sie beim Erinnern erhebliche Schwierigkeiten bekommen, sofern Sie zuvor verknüpft hätten „mein Messer“, „das Messer meines Partners“. – Aus demselben Grund hatten Sie weiter oben bei den „Kopf-Plätzen“ gelesen: „Augenbrauen (ohne Unterscheidung: rechts/links)“.
2. Sofern Sie die für Sie wichtigen Informationen in einer festgelegten Reihenfolge aus Ihrer Erinnerung abrufen wollen, eignen sich Ordnungssysteme, die ebenfalls eine klare Abfolge haben, so zum Beispiel die menschlichen Körperteile von oben nach unten. – Beim Baum ist wahrscheinlich die Reihenfolge von unten nach oben eher geeignet: Wurzel, Stamm, ... – Die Gegenstände, die sich auf einem Frühstückstisch befinden, sind nicht so eindeutig aufgereiht.

Eine eindeutige Reihenfolge der Plätze ist zum Beispiel unverzichtbar, wenn Sie sich damit die Stichworte einer Rede einprägen wollen.

Bei einem Einstellungsgespräch wird es nicht erforderlich sein, eine feste Reihenfolge bei den Fragen einzuhalten. Sofern Sie dennoch ein Ordnungssystem mit eindeutiger Abfolge nutzen, zum Beispiel die Bereiche des Kopfes von oben nach unten, haben Sie trotzdem die Möglichkeit, entsprechend dem individuellen Gesprächsverlauf mal die Frage von der Stirn, dann vom Kinn und dann zum Beispiel erst von der Schädeldecke abzurufen.

10. Rangplätze Ihrer Erinnerungen

Welche Plätze haben Ihre Verkäufer im Vertriebswettbewerb erreicht?

Stellen Sie sich bitte vor, Sie seien der Vertriebs-Chef eines Unternehmens, das seine Produkte über eine große Verkaufsmannschaft verkauft.

Um die Verkäufer zu besonderen Verkaufsbemühungen zu motivieren, findet jedes Jahr ein Vertriebswettbewerb statt. Die jeweils besten 30 Verkäufer werden dann ein Jahr lang Mitglieder im „TOP 30-Club". Mitglieder des „TOP 30-Clubs" werden zur besonderen Anerkennung ihrer Leistungen jeweils zu einer attraktiven Reise mit allem „Drum und Dran" eingeladen.

Während der „Jahres-Abschluss-Tagung" geben Sie die Namen derjenigen Verkäufer bekannt, die wegen ihrer großartigen Verkaufserfolge im letzten Geschäftsjahr in den diesjährigen „TOP 30-Club" aufgenommen werden.

Für das anschließende gemütliche Beisammensein möchten Sie für jedes „Club 30-Mitglied" die erreichte Platzierung im Kopf haben, um sie individuell darauf ansprechen zu können, zum Beispiel nach folgendem Muster: „Frau ..., als neue Mitarbeiterin sind Sie sofort in unseren ‚TOP 30-Club' gekommen und haben sogar Platz 18 erreicht! Das ist sensationell! ..."

Experiment 14

Prägen Sie sich bitte die zehn Platzierungen ein:

1. Platz: Herr Beckenbauer
2. Platz: Frau Graf
3. Platz: Herr Becker
4. Platz: Frau Merkel
5. Platz: Herr Lehmann
6. Platz: Herr Kahn
7. Platz: Herr Schumacher
8. Platz: Frau Schavan
9. Platz: Herr Köhler
10. Platz: Frau von der Leyen

Haben Sie schon eine Vorstellung zu 1, 2, 3?

Zahlen gehören zu den mehr abstrakten Informationen, das heißt, sie sind im Normalfall nicht gut vorstellbar. – Zu den leicht einprägbaren Ausnahmen gehören zum Beispiel folgende „einfache" Zahlen: 7, 60, 365, 1001 – sieben Zwerge, 60 Minuten, 365 Tage, 1001 Nacht.

Lösungsvorschlag: Sofern Sie für die ersten zehn, zwanzig oder gar für die ersten dreißig Zahlen über leicht vorstellbare „Zahlen-Bildsymbole" verfügten, dann hätten Sie mit der obigen Aufgabenstellung überhaupt kein Problem: Sie bräuchten lediglich eines der Zahlen-Bild-Symbole (als Ersatz für die abstrakte Zahl) in kreativer Weise mit der betreffenden Person zu verknüpfen.

Welche Bilder können Sie aus der Form von Zahlen ableiten?

Passende Zahlen-Bild-Symbole lassen sich nach unterschiedlichen Gesichtspunkten zusammenstellen. Die meisten Gedächtnistrainer empfehlen ein System, bei dem die Symbole der Form der geschriebenen Ziffer entsprechen, zum Beispiel in folgender Weise:
1 = Kerze
2 = Schwan
3 = Dreizack des Meeresgottes
4 = Stuhl
5 = Fleischerhaken
6 = Schnecke (hochkant gestelltes Bild)
7 = Fahne
8 = Sanduhr
9 = Bischofsstab

Bei konsequenter Fortführung nach diesem System wird es allerdings immer schwerer, weitere passende Zahlen-Bild-Symbole zu finden.

Welche Bilder können Sie aus dem Klang von Zahlen ableiten?

Andere Gedächtnistrainer empfehlen ein System, bei dem zum Klang der Zahl ein Klang-entsprechendes Symbol zugeordnet ist, zum Beispiel so:

1 (ein)	= Bein
2 (zwei/zwo)	= Ei/Zoo/Stroh
3 (drei)	= Brei
4 (vier)	= Bier/Tier
5 (fünf)	= Strümpf
6 (sechs)	= Hex', Klecks
7 (sieben)	= Rüben, Sieb(en)
8 (acht)	= Nacht, Wacht(-Turm)
9 (neun)	= Scheun(e)
10 (zehn)	= Zehen, Ren

Bei der Bewertung solcher Systeme sollten Sie zwei Aspekte berücksichtigen:
- Bis zu welcher Zahl muss das System ausbaufähig sein?
- Wie leicht sind die Symbole erlernbar, bevor sie als „Werkzeug“ zum schnellen Einprägen von Positions-Informationen zur Verfügung stehen?

Welche Bilder können Sie aus der Bedeutung von Zahlen ableiten?

Aufgrund meiner persönlichen Erfahrungen und der Erfahrung aus meinen Trainings empfehle ich ein etwas anderes System. Es basiert in erster Linie auf Zahlen-Bedeutungen. (Bei den ersten Symbolen ist auch die Klangähnlichkeit der betreffenden Zahlen eingebunden.) Es hat den Vorteil, dass es sowohl rasch erlernbar als auch leicht ausbaubar ist.
- 1 = Einhorn
- 2 = Zwilling
- 3 = Dreirad
- 4 = vierblättriges Kleeblatt
- 5 = fünf Finger der Hand
- 6 = sechsseitiger Würfel
- 7 = sieben Zwerge
- 8 = Achterbahn
- 9 = alle Neune beim Kegeln
- 10 = Zehn Gebote
- 11 = Elferrat: die Jecken mit den Narrenkappen am 11.11. um 11:11 Uhr
- 12 = „Zwölf Uhr mittags“ – „High Noon“

Sie müssen keinesfalls jedes der vorgestellten Symbole in dieser Weise übernehmen – wenn Ihnen zu einzelnen Positionen andere Symbole einfallen, die Sie für besser geeignet halten, dann nutzen Sie lieber diese!

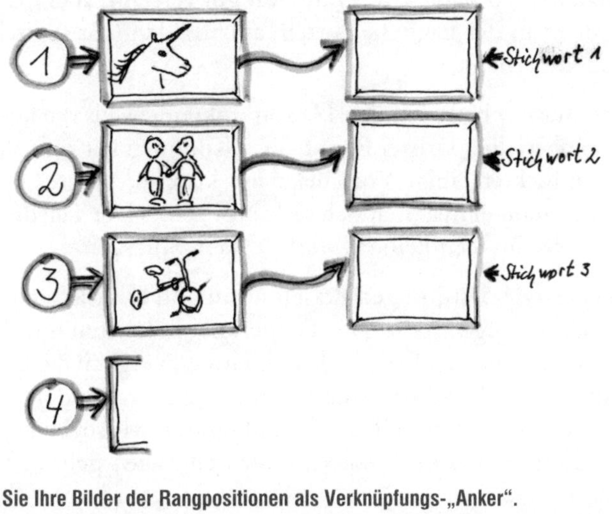

Abb. 12: **So nutzen Sie Ihre Bilder der Rangpositionen als Verknüpfungs-„Anker“.**

Sobald Sie die Symbole für die ersten zehn Zahlen beherrschen, ist es für Sie kein Problem, sich einzuprägen, welcher Verkäufer welchen Rangplatz erreicht hatte; die Aufgabenstellung reduziert sich dann auf zehn „einfache Verknüpfungspaare“.

Wofür nutzt Ihnen die Rangpositions-Methode sonst noch?

Mit Hilfe der Rangpositions-Methode können Sie sich eine Sammlung von Stichworten einprägen, zum Beispiel die Stichworte für ein Referat, für eine Präsentation oder für einen Aufsatz (zum Beispiel als Schüler oder Student, um sich auf eine Klausur vorzubereiten). Neben der Geschichten-Methode und der Methode der Orte haben Sie nun ein drittes System zur Verfügung.

Wie verblüffen Sie Ihre Gesprächspartner, denen Sie etwas zu präsentieren haben?

Ich wurde einmal von einem Unternehmen gebeten, zu einem bestimmten Bereich Verbesserungsvorschläge zu machen. Hierzu hatte ich eine schriftliche Dokumentation erstellt.

Während der Fahrt zum Unternehmen, bei dem ich die Vorschläge einem größeren Gremium vortragen sollte, kam mir der Gedanke, meine Unterlage auf keinen Fall während des Gesprächs auf den Tisch zu legen. Das könnte nur den Wunsch auslösen, schon vorab Kopien davon zu erhalten, um „eigene Randnotizen dazu schreiben zu können“. – Früh verteilte Unterlagen führen jedoch dazu, dass die Teilnehmer in den Unterlagen blättern und einzelne Vorschläge bereits vorab mit den Sitznachbarn diskutieren. Und ich würde es dann schwer haben, Aufmerksamkeit für meine Präsentation zu bekommen.

Während der Autobahnfahrt holte ich ein Exemplar der Unterlage aus meiner Tasche, die auf dem Beifahrersitz lag, und prägte mir die Reihenfolge der 23 oder 24 Vorschläge ein. Der Inhalt der Vorschläge war mir zwar gut vertraut, aber bis zu diesem Zeitpunkt war ich nicht in der Lage, sie einzeln aufzuzählen (das typische Defizit auch beim verstehenden Lernen).

Bei meiner Präsentation hatte ich den Hauptpunkten jeweils die betreffenden Ordnungsziffern vorangestellt: „Dritter Punkt: ...“, „Kommen wir zum Vorschlag 17: ...“ – Die Teilnehmer nickten einige Vorschläge nur kurz ab, andere hatten wir intensiv diskutiert. Die Teilnehmer machten sich viele Notizen. – Der Teil der Tischplatte, an dem ich saß, war absolut leer: keine Unterlage, kein Spickzettel.

Zum Schluss der etwa 2,5-stündigen Präsentation und Diskussion hatte ich die Kopien meiner Ausarbeitung verteilt. Die Teilnehmer blätterten interessiert darin herum. Plötzlich stutzte einer der Gesprächsteilnehmer, verglich die Unterlage mit seinen Aufzeichnungen und staunte – für alle anderen Anwesenden gut hörbar: „Die Vorschläge sind ja in derselben Reihenfolge aufgezählt, wie soeben in der Präsentation!“ – Na und? Kein Kunststück, sofern man weiß, wie’s geht ... Das können Sie künftig auch!

11. Zahlen haben etwas mit Zahlen zu tun

Warum können Sie sich Zahlen mit Hilfe von Zahlen merken?

Experiment 15

Bitte überlegen Sie, wie Sie sich folgende Ziffernfolge, zum Beispiel eine Telefonnummer, einprägen können:

36 51 789

Manche Personen haben mit dieser Aufgabenstellung überhaupt kein Problem: nicht zwangsläufig deshalb, weil sie von Natur aus ein phänomenales Zahlengedächtnis haben, sondern weil sie bereits viele Zahlen abrufbereit im Kopf haben. Auch hier spielt nämlich wieder einmal der Faktor Vorwissen eine Rolle.

Wenn Sie sich die obige Ziffernfolge in einer anderen Gliederung anschauen, nämlich als 365 1789, dann erscheint sie Ihnen wahrscheinlich „verstehbar" und auch leicht einprägbar, jedenfalls sofern Sie zwei bekannte Kombinationen entdecken: Anzahl der Tage im Jahr und das Jahr der Französischen Revolution.

Auch Sie haben bereits viele Zahlen im Kopf, sind sich dieser Tatsache aber möglicherweise nicht bewusst. Solange Sie sich Ihres Vorwissens nicht bewusst sind, können Sie es leider auch nicht zum leichteren Lernen nutzen.

Wie groß ist Ihr Vorrat an bekannten Zahlen?

Vorschlag: Erstellen Sie eine Liste mit Zahlen, die Sie bereits im Kopf haben. Das können sehr persönliche Zahlen sein, wie Ihre Größe in Zentimetern, Ihr Wunschgewicht in Kilogramm, Ihre Hausnummer, die Postleitzahl in Ihrer Adresse, Ihr Geburtsjahr, Ihre Konfektionsgrößen usw.

Sie können Ihre Liste durch allgemein bekannte Zahlen erweitern. Dazu gehören zum Beispiel markante historische Daten, technische Werte, Zahlen, die etwas mit Sport zu tun haben usw.

Wenn Ihnen nach dem ersten Auflisten solcher persönlicher bzw. allgemeiner Zahlen nichts Weiteres mehr einfällt, nehmen Sie sich Ihre Liste ein paar Tage später noch einmal vor; mit Sicherheit finden Sie dann noch weitere individuelle oder allgemein bekannte Zahlen.

Durch diese Auflistung entwickeln Sie eine höhere Sensibilität für Zahlen: Zunehmend wird Ihnen bewusst, welche Zahlen Ihnen bereits bekannt sind, und Sie nehmen auch die Ihnen noch nicht geläufigen Zahlen intensiver wahr.

Welche Bedeutungen haben Zahlen für Sie schon jetzt?

Als spielerische Übung versuchen Sie bitte, den folgenden allgemein bekannten Zahlen eine passende Bedeutung zuzuordnen.

37	52	753
50	60	911
99	360	1001
66	90	0815
110	114	42
20	180	30
130	273	80
40	333	25
2412	380	32
314	750	36

Die folgende Aufzählung enthält Lösungshinweise, allerdings in anderer Reihenfolge. – Zu manchen Zahlen gibt es mehr Bedeutungen, als hier genannt sind:

Jahreszahl der Schlacht bei Issos – Anzahl der Felder beim Roulette (plus die Null) – in so vielen Tagen eine Reise um die Welt – Anzahl der Minuten in der Stunde – die ersten Ziffern der Zahl Pi – Körpertemperatur – umgangssprachlich für „nichts Besonderes“ (ursprünglich ein Maschinengewehrtyp im Ersten Weltkrieg) – Grad im Halbkreis – mit so viel „Jahren fängt das Leben an“ – angebliches Gründungsjahr der Stadt Rom – Sportwagentyp – Tage der Fastenzeit – Goldene Hochzeit – Anzahl der Suren im Koran – „Märchen-Zahl“ – Kilometer beim Marathonlauf – Inhaltsmenge einer normalen Weinflasche – derzeit größtes Passagierflugzeug der Welt – Silbernes Jubiläum – das letzte Jahrhundert – Anzahl von Luftballons – Hürdenlaufdistanz – Grad im rechten Winkel – Richtgeschwindigkeit auf deutschen Autobahnen – Wochen im Jahr – Heilig Abend – absoluter Temperatur-Nullpunkt – Dauer eines Krieges vor ein paar Jahrhunderten – Zinstage pro Jahr – Zähne im kompletten Gebiss eines Erwachsenen

Auf welche andere natürliche Weise können Sie sich Zahlen einprägen?

Zahlen können auch über rechnerische Zusammenhänge wahrgenommen und eingeprägt werden, zum Beispiel

36912 – eine 3er-Reihe
6436 – erstes und zweites Zahlenpaar = 100 als Summe
661650 – Substraktionsrechnung: 66 minus 16 = 50

Manche Personen prägen sich Telefonnummern und Pincodes mit dem Verlauf der Bewegungsrichtungen beim Eintippen auf die Eingabetastatur ein. Die Nummer „1-3-7-9" sieht im Bewegungsverlauf aus wie der Buchstabe „Z"; die Nummer „2-8-4-6" gleicht einem stehenden Kreuz usw.

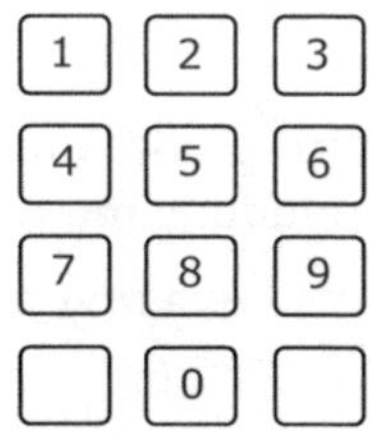

Abb. 13: **Ziffern-Anordnung auf Telefon-Tastaturen.**

In einem meiner ersten Lerntechnik-/Gedächtnistrainings erzählte eine Teilnehmerin, dass sie mit dem Einprägen von Zahlen keine Probleme habe, weil sie die einzelnen Ziffern auf einer bunten, sich schlängelnden Figur angeordnet sehe, und jede Zahl habe dadurch ihr eigenes Erscheinungsbild.

Andere Personen können sich Zahlen gut in ihrer Aussprache-Melodie und in ihrem Sprech-Rhythmus einprägen. – Wenn Sie Ihre Telefonnummer bislang zum Beispiel in der Form „zweiunddreißig, neunundsiebzig, vierundvierzig" (32-79-44) weitergegeben haben, dann versuchen Sie doch einmal, dieselbe Ziffernfolge in anderer Form aus der Erinnerung abzurufen, zum Beispiel so: „drei – zwo – sieben – neun – vier – vier". Auf diese Weise können Sie leicht nachvollziehen, dass Sie ggf. den „Klingklang" und nicht etwa das Schriftbild der Ziffern im Gedächtnis gespeichert haben.

Und dann gibt es sogar noch einige wenige Personen auf der Welt, die über so genannte Inselbegabungen verfügen; diese Personen werden von der Wissenschaft als Savants bezeichnet. Einige Savants besitzen die Begabung, unvorstellbar große Text- oder Zahlenmengen in ihrem Gedächtnis zu speichern, oder sie verfügen sogar über ein „fotografisches Gedächtnis".

12. Geniale Zahlengedächtnis-Methode aus Indien

Was hat Ihr Schachbrett mit einer 20-stelligen Zahl zu tun?

Experiment 16

Bitte prägen Sie sich die unvorstellbar große Anzahl der Weizenkörner ein, die sich nach dem Wunsch des Sissa in Verbindung mit dem Schachbrett ergibt (2^{64} -1):

18.446.744.073.709.551.615

Der legendäre Hintergrund:
Der brahmanische Weise Sissa, ein Untertan des tyrannischen indischen Königs Shihram, entwickelte das Schachspiel. Durch dieses Spiel wollte er seinen König indirekt erkennen lassen, wie sehr dieser auf seine Untertanen angewiesen sei. Im Spiel sind es die Bauern, die Läufer usw.

König Shihram wurde ein begeisterter Schachspieler. In seiner großen Freude führte er Sissa in seine Schatzkammer: „Als Belohnung für deine tolle Spiele-Idee hast du einen Wunsch frei; ich werde dir jeden Wunsch erfüllen können."

Sissa antwortete: „Am liebsten würde ich viele Weizenkörner von dir bekommen, deren Menge etwas mit dem Spiel zu tun hat: Leg' auf das erste Schachfeld ein einziges Korn und auf die folgenden Felder jeweils die doppelte Menge, also nach dem Muster 1 – 2 – 4 – 8 usw."

Der König fühlte sich beleidigt: „Ich habe dir Schätze angeboten, und du willst nur ein paar Weizenkörner von mir haben?" Sissa aber bat erneut „nur" um die Weizenkörner. Daraufhin ließ der König genervt nach seinen Dienern rufen, damit sie den Wunsch des Sissa erfüllen sollten.

Der Reichtum des Königs reichte nicht; die Menge der Weizenkörner ist unvorstellbar groß. Man bräuchte für ihren Transport (angeblich) 600 Millionen Güterzüge; sie würden den Erdball 8.000 Mal umspannen.

Wie prägen Sie sich Zahlen aller Art nahezu mühelos ein?

Lassen Sie es auf einen Versuch ankommen! Bitte prägen Sie sich – als Alternative zur obigen 20-stelligen Ziffernkette – die folgenden Bilder ein, und zwar am besten über eine kreative Geschichte:

Die Geschichte soll mit einem Schachbrett beginnen. Dann folgen – streng hintereinander angeordnet – eine TUBE, ein ROHR, ein SCHECK, erneut ein ROHR, ein SACK, eine MÜCKE, ein SOFA, eine LILIE, eine TASCHE und zum Schluss ein TAL.

***Abb. 14:* Denken Sie sich eine Fantasie-Geschichte mit folgenden Bildern (reihenfolgegerecht) aus!**

Nachdem Sie Ihre Kreativgeschichte konstruiert haben, prüfen Sie bitte, ob Sie in der Lage sind, sich auch präzise an die genannten Wörter (exakter Wortlaut) zu erinnern, denn das ist in diesem Fall eine wichtige Voraussetzung.

Wie funktioniert die Ziffern-Buchstaben-Methode?

Die Ziffern-Buchstaben-Methode („MemoCode-System" oder vereinfachtes „Major-System") ist eine großartige Hilfe, damit Sie sich Zahlen aller Art und Länge nahezu mühelos einprägen können.

Es handelt sich dabei um eine Gedächtnistechnik, die (ebenfalls wie das Schachspiel) aus Indien stammt und die im 17. Jahrhundert (= Jahrhundert des 30-jährigen Krieges) nach Europa herüber schwappte.

Inzwischen gibt es mehrere Varianten dieser Methode. In diesem Buch lernen Sie diejenige Variante kennen, die einerseits genauso gut wie alle anderen funktioniert, aber den Vorteil hat, dass sie schneller als alle anderen erlernbar ist. (Diese Variante hatte ich für mich selbst entwickelt, noch bevor ich die ersten Lerntechnik-/Gedächtnistrainings durchgeführt und sie dann an die Teilnehmer weitergegeben hatte.)

Das Grundprinzip besteht darin, dass die zehn Ziffern durch bestimmte Buchstaben ersetzt werden und der zunächst verwirrend erscheinende Buchstaben-Salat über passende Wörter lesbar gemacht wird.

Zunächst ist es erforderlich, dass Sie sich einprägen, welche Ziffern durch welche Buchstaben ersetzt werden. Hierfür gibt es keine Sachlogik, um „verstehend“ lernen zu können.

Wie erklären Sie sich, welche Ziffer durch welchen Buchstaben ersetzt wird?

Experiment 17

Bitte prägen Sie sich folgende Zuordnungen ein:

0 = S
1 = T
2 = N
3 = M
4 = R
5 = L
6 = SCH (in diesem Fall also kein einzelner Buchstabe, sondern ein Laut)
7 = K
8 = B
9 = F

Lösungsvorschlag: Gern können Sie die folgenden Verknüpfungen übernehmen:

- Aus einer Null kann man ganz einfach ein „S“ machen, sofern man sie horizontal in der Mitte durchschneidet und dann die beiden Halbovale gegeneinander verschiebt.
- Die Eins ähnelt dem „T“, weil beide einen senkrechten Balken haben.
- Die Zwei wird durch ein „N“ repräsentiert, weil das „N“ zwei senkrechte Balken hat.
- Wenn man eine „Drei“ nach links kippt, ergibt sich das Bild eines kleinen „m“.
- Zur Vier muss man ein wenig komplizierter denken: Das Wort vieR schreibt man am Ende mit einem „R“. (Oder kennen Sie noch den Autotyp „R4“ von Renault?)
- In der Ziffer „5“ steckt der Buchstabe „L“ mit drin.
- Der Klang der Ziffer „Sechs“ erinnert an „Sex“; Sex ist SCHön und macht manchmal einen dicken Bauch ...

Abb. 15-1 und 15-2: **Buchstaben-Bilder**

- Weil mir keine „gute“ fantasievolle Verknüpfung zwischen der Zahl Sieben und dem „K“ einfällt, kann ich Ihnen nur eine „schwache Krücke“ anbieten: Sowohl die Zahl als auch der zugeordnete Buchstabe werden aus geraden Elementen gebildet.
- Dafür ist es besonders einfach, zwischen der Acht und dem Buchstaben „B“ eine gedankliche Verbindung herzustellen: Sie sehen sich ähnlich.

Abb. 15-3 und 15-4: **Buchstaben-Bilder**

- Zum Schluss noch eine „Krücke", die aber wirkungsvoller als gar keine Assoziation ist: Die Digital-Neun und der Digital-Buchstabe „F" sind spiegelbildlich ähnlich.

Womit machen Sie den Buchstaben-Salat erinnerbar?

Es gibt zwei Grundregeln:

1. Es werden Wörter gesucht, die einerseits die betreffenden Buchstaben in der richtigen Reihenfolge enthalten und andererseits lediglich mit den Vokalen „A", „E", „I", „O" und „U" (bzw. den betreffenden Umlauten „Ä", „Ö" und „Ü") sowie den Buchstaben „W", „H", „Y" aufgefüllt werden. (Sie fragen „why"/„warum"? Das ist einfach so!)
   Beispiele: Das Wort „TUBE" steht stellvertretend für 18 und das Wort „ROHR" für 44; „THEKE" steht für 17.
2. Konsonanten-Verdoppelungen werden nicht berücksichtigt. Deshalb steht „MATTE" für 31 und „RECK" für 47.

Sofern Sie Ihre Geschichte*, die mit dem Schachbrett als „Ausgangs-Position" beginnt, aus Ihrer Erinnerung abrufen, dann werden Sie sich wahrscheinlich auch noch an die betreffenden Kennwörter erinnern. – Bitte schreiben Sie diese Wörter auf.

Sofern Sie sich bereits an die einzelnen Ziffern-Buchstaben-Zuordnungen erinnern können, werden Sie in der Lage sein, die 20-stellige Schachbrett-Weizenkörner-Zahl exakt zu (re-)konstruieren!

Wie lauten die Kennwörter der Ziffern-Buchstaben-Methode?

Es ist hilfreich, eine Sammlung geeigneter Kennwörter als „fertiges Werkzeug" zur Verfügung zu haben.

Um Ihnen die Zeit und den Aufwand zu ersparen, selber eine solche Sammlung zu erstellen, finden Sie hier die 110 Kennwörter für die Zahlen von „0" bis „99" und von „00" bis „09":

---

* Es ist sinnvoll, zu Beginn der kreativen Geschichte ein Bild zum sachlichen Hintergrund einzubauen, denn zunächst denken Sie jeweils an diesen sachliche Aspekt. Deshalb beginnt die Geschichte mit dem Schachbrett, und deshalb beginnt mein Lösungsvorschlag zur Maslowschen Bedürfnis-Pyramide mit dem Neandertaler, der aus der Pyramide herauskommt.

0 – S	0 – Sau	10 – TaSSe	20 – NaSe
1 – T	1 – Tee	11 – TüTe	21 – NoTe
2 – N	2 – Noah	12 – TaNNe	22 – NoNNe
3 – M	3 – Möwe	13 – ToMMy	23 – NaMe
4 – R	4 – Reh	14 – ToR	24 – NaRR
5 – L	5 – Löwe	15 – TaL	25 – NiL
6 – SCH	6 – SCHuh	16 – TaSCHe	26 – NiSCHe
7 – K	7 – Kuh	17 – TheKe	27 – NiCKi
8 – B	8 – Boa	18 – TuBe	28 – NaBe
9 – F	9 – Fee	19 – TauFe	29 – NeFFe
30 – MauS	40 – RoSe	50 – LaSSo	60 – SCHuSS
31 – MaTTe	41 – RuTe	51 – LoT	61 – SCHuTT
32 – MiNe	42 – RiNNe	52 – LeiNe	62 – SCHieNe
33 – MuMie	43 – RaMMe	53 – LaMa	63 – SCHauM
34 – MohR	44 – RohR	54 – LoRe	64 – SCHeRe
35 – MuLi	45 – RoLLe	55 – LiLie	65 – SCHaLe
36 – MoSCHee	46 – RüSCHe	56 – LaSCHe	66 – SCHeiCH (!)
37 – MüCKe	47 – ReCK	57 – LoCKe	67 – SCHeCK
38 – MoB	48 – RaBe	58 – LauBe	68 – SCHeiBe
39 – MoFa	49 – RiFF	59 – LauF	69 – SCHaF
70 – KaSSe	80 – BuS	90 – FaSS	00 – SoSSe
71 – KeTTe	81 – BeTT	91 – FoTo	01 – SaaT
72 – KaNNe	82 – BahN	92 – FahNe	02 – SahNe
73 – KaMM	83 – BauM	93 – FeMMe	03 – SauM
74 – KaRRe	84 – BäR	94 – FähRe	04 – SäuRe
75 – KeLLe	85 – BaLL	95 – FaLLe	05 – SäuLe
76 – KeuSCHe	86 – BuSCH	96 – FiSCH	06 – SaSCHa
77 – KhaKi	87 – BaKe	97 – FoCK	07 – SaCK
78 – KaaBa	88 – BaBy	98 – FBI	08 – SieB
79 – KaFFee	89 – BeeF	99 – FiFa	09 – SoFa

Sie brauchen diese 110 Kennwörter nicht auswendig zu lernen; Pauken ist auch hier nicht erforderlich: Sofern Sie die Liste der Kennwörter einige Male gelesen haben, werden Sie sich – über den „Umweg“ der beiden obigen Regeln – Schritt für Schritt an diese Kennwörter erinnern können.

Sehr viel schneller wird es jedoch gehen, wenn Sie vorher ein wenig mit den betreffenden Wort-Bildern gespielt haben. Hierzu empfehle ich Ihnen die Software „BRAIN!FIX“. Aus „BRAIN!FIX“* stammen die Grafiken, die Sie zum Einprägen der Schach-Zahl genutzt hatten.

www.cluesoft.de/produkte/brainfix.html

Abb. 16: **Das Logo von BRAIN!FIX**

* Ich war vor mehreren Jahren an der Entwicklung von BRAIN!FIX beteiligt.

Wozu können Sie die Ziffern-Buchstaben-Methode nutzen?

Ganz einfach: für Zahlen aller Art und jeder Länge, zum Beispiel für

- Telefonnummern
- Konto-Nummern
- Pin-Code für Ihre Bankkarte
- Postleitzahlen
- Waren-Codes
- Passwörter
- ...

Welchen Vorteil bietet Ihnen die „de Luxe-Variante"?

Die vorgestellte Methode ist eine unverzichtbare Basis. Damit sind Sie in der Lage, sich ohne Hilfsmittel und sofort eine für Sie wichtige Ziffernfolge einzuprägen.

Sofern Sie die Basisvariante ein wenig ausbauen, können Sie die für Sie wichtigen Zahlen in noch kürzerer Zeit in Ihr Gedächtnis „schieben". Das können Sie sofort nachvollziehen; bitte prägen Sie sich die folgenden Informations-Paare ein:

- Das Empire State Building hat die Höhe von „MOPED" Metern.
- Das Ulmer Münster hat den höchsten Kirchturm der Welt; er ist „DOCHT" Meter hoch.
- Die Elbe ist „TÄTOWIERER" Kilometer lang.
- Der Po (in Italien) ist „WASCHKÜCHE" Kilometer lang.
- Düsseldorf hat „WOLLKAMM" tausend Einwohner.
- Stuttgart hat „WELLPAPPE" tausend Einwohner.
- Die Insel Kuba ist „DDR-HOLZHAUS" Quadratkilometer groß.

Die hier verwendeten Kennwörter enthalten Buchstaben, denen zusätzlich eine bestimmte Ziffer zugeordnet ist.

Sofern Sie die Basisvariante bereits beherrschen, ist es jetzt für Sie ganz leicht, auch die Erweiterung des Systems zu verstehen und es sofort zu nutzen. Zu sechs Ziffern passen nämlich jeweils ähnlich klingende Buchstaben:

0	= S bzw. **Z**	5	= L
1	= T bzw. **D**	6	= SCH bzw. **CH**
2	= N	7	= K bzw. **G**
3	= M	8	= B bzw. **P**
4	= R	9	= F bzw. **V**

Alle anderen Buchstaben haben keinen Zahlenwert! Und Sie erinnern sich: Buchstaben-Verdoppelungen zählen nur einfach!

- „BUCHSTABE" stellt also die Zahl 86018 dar.
- „GEGENVERKEHR" stellt also die Zahl 7729474 dar.
- „VERDOPPELUNG" stellt also die Zahl 9418527 dar.

Wenn Sie zur Zahl 1592 einen passenden Code finden wollen, dann schreiben Sie sich die infrage kommenden Buchstaben am besten in folgender Weise auf:

Abb. 17: **Bilden Sie bitte aus den vier Buchstaben (T oder D; F oder V) ein Merkwort.**

Mit einem bisschen Knobeln finden Sie häufig ein passendes Wort; in diesem Fall sogar zwei, siehe Fußnote.*

Wie finden Sie leichter Kennwörter zur „de Luxe-Variante"?

Im Internet finden Sie unter www.memoCODE.de die Software memoCODE – ein Faulenzer-Tool, mit dessen Hilfe Sie es sich ersparen, passende Kennwörter selber zusammenzupuzzeln.

Sie geben einfach eine Zahlenkombination ein, und memoCODE zeigt Ihnen im Idealfall sofort ein passendes Kennwort. Manchmal schlägt Ihnen das Programm auch mehrere Kennwörter zur Auswahl vor.

Eine private Ergänzung: Mein damals 15-jähriger Sohn hatte in der neunten Klasse an einem Gedächtnis-Wettbewerb teilgenommen, den seine Mathematiklehrerin ausgelobt hatte. Es ging darum, die Zahl Pi mit möglichst vielen Stellen hinter dem Komma wiedergeben zu können. Mit einem Zeitaufwand von viermal etwa 10 bis 15 Minuten hatte er es geschafft, sich 122 Nachkomma-Stellen einzuprägen. – Der Weltrekord steht aktuell bei 100.000 Stellen (Stand 2007).

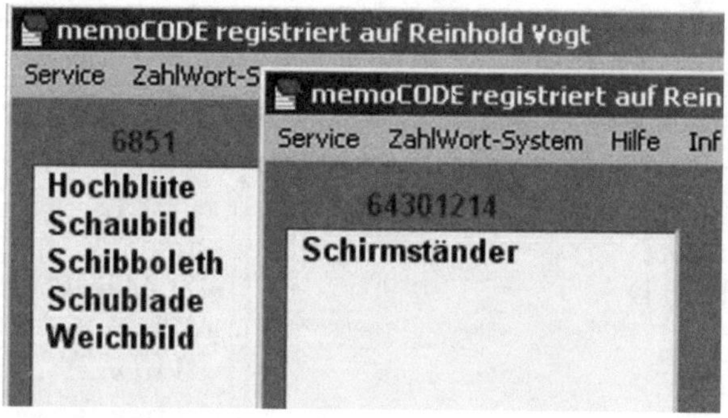

Abb. 18: **memoCODE findet passende Kennwörter für Sie.**

* „Telefon" und „Delfin" – Oder ist Ihnen ein Merksatz lieber? („Der Löwe Frisst Nashörner."/„Tarzan Liebt Viel Natur.")

13. Kreative Werkzeuge für spezielle Lerninhalte

Warum können Sie sich nur bestimmte Geburtstage merken?

Selbstverständlich sollten Sie einen herkömmlichen oder einen elektronischen Kalender führen, um dort Ihre wichtigen Termine, Geburtstage sowie andere Gedenktage, zum Beispiel Ihren Hochzeitstag, einzutragen.

Am Beispiel von Geburtstagen wird Ihnen erneut bewusst, weshalb Sie sich manche Informationen leicht oder nicht so leicht einprägen können: Es kommt auf Ihr Vorwissen an. – Zunehmend werden Sie ein Gefühl dafür entwickeln, wie Sie am besten vorgehen sollten, um sich vermeintlich schwere Lerninhalte leichter lernbar zu machen.

Experiment 18

Bitte prägen Sie sich die Geburtstage von folgenden fünf Prominenten ein – anschließend sollen Sie möglichst zu allen fünf Personen deren Geburtstag nennen können:

10. Juni:	Harald Juhnke, deutscher Entertainer
20. Juli:	Carlos Santana, mexikanischer Musiker
24. Dez.:	Hans Eichel, deutscher Ex-Bundesfinanzminister
11. Nov.:	Leonardo DiCaprio, US-amerikanischer Schauspieler
6. Dez.:	Marius Müller-Westernhagen, deutscher Musiker

Sie werden es wahrscheinlich als nicht sehr schwer empfunden haben, sich diese Geburtstage einzuprägen und sich an sie zu erinnern – vorausgesetzt, Sie haben in doppelter Hinsicht ein passendes Vorwissen nutzen können:

- Sie haben eine zumindest grobe Vorstellung zu jedem der fünf Prominenten.
- Sie haben eine Vorstellung zu jedem der fünf Kalendertage.

Zu den Kalendertagen ist Ihnen wahrscheinlich je eine Bedeutung bewusst geworden, nämlich „Tag der Aprilscherze“, „fehlgeschlagenes Attentat auf Hitler“, „Heilig Abend“, „Martinstag“/„Beginn der fünften Jahreszeit, insbesondere im Rheinland“ und „Nikolaustag“.

Auch zu weiteren Kalendertagen haben Sie ein Vorwissen, das Ihnen beim Einprägen von Terminen/Gedenktagen helfen kann. Es geht um die Kalendertage Ihres eigenen

Geburtstages, der Geburtstage Ihrer Eltern, Ihrer eventuellen Geschwister, Ihres Lebenspartners, Ihrer Kinder und zum Beispiel zum 1. Januar, zum 1. Mai und zum 9. September.

Wenn es für Sie wichtig wäre, sich viele Informationen in Verbindung mit Kalendertagen einzuprägen, dann wäre es für Sie hilfreich, wenn Sie zu jedem der 366 Kalendertage (einschließlich Schaltjahr) eine ähnlich gute Vorstellung hätten, wie zum Beispiel für den 31. Dezember/Silvester.

Da es jedoch sehr aufwändig wäre, zunächst für alle 366 Tage einzelne Bedeutungen zu lernen, um anschließend über diesen Umweg weitere Informationen leichter einprägen zu können, sollte es eine einfachere Möglichkeit geben.

Woraus basteln Sie sich ein kreatives Werkzeug zum Einprägen von Kalenderdaten?

Ein einfaches Werkzeug zum Einprägen von Kalenderdaten besteht aus der Kombination von Symbolen für die 31 Monatstage und von Symbolen für die zwölf Monate.

Um Symbole für die 31 Kalendertage zusammenzustellen, brauchen Sie nur die Sammlung der ersten zwölf Symbole nach der „Rangpositions-Methode" zu erweitern. Folgende Lösungen sind denkbar:

13 – 13: (Un-)Glücks-Zahl: Hufeisen
14 – 14 Tage: „Kurz-Urlaub" auf einer Karibikinsel
15 – 15 Minuten: Frühstücks-Pause = Butterbrot (-Dose)
16 – 16 Jahre alt: jetzt eigener Personalausweis (in Deutschland)
17 – 17 + 4: alte Herren im Park beim Kartenspiel
18 – 18 Jahre alt: keine Altersbeschränkung mehr für's Kino
19 – 19. Jahrhundert: Dampf-Lokomotive
20 – 20-g-Brief = Standard-Porto/Brief(-kasten)
21 – 21 Jahre – Recht auf Waffenbesitz (in Deutschland): Rambo im Dschungel
22 – 22 Fußballer streiten um einen Lederball
23 – 1923 – Inflation: Wäschekorb voller Geld
24 – 24 Stunden Erdumdrehung: Globus
25 – 25 Ehe-Jahre: Feier zur Silberhochzeit
26 – 26 (Grund-)Buchstaben im Alphabet: Drucker-Setzkasten
27 – 27 Jahre – Mindestalter für Beamte auf Lebenszeit (in Deutschland)
28 – etwa 28 Tage: Umlaufzeit des Mondes um die Erde
29 – recht seltenes Kalenderblatt: 29. Februar
30 – 30-jähriger Krieg
31 – am 31.: Ultimo/Monatsende – leeres Portemonnaie

Und als Monatsbilder kommen zum Beispiel in Frage:

Januar – Schneemann
Februar – Faschingsball in der Festhalle
März – Osterglocken-Strauß
April – Regenbogen am Himmel
Mai – junges Brautpaar am Altar
Juni – Erdbeertorte
Juli – Himbeeren am Waldrand
August – überfülltes Freibad
September – erstes Herbstlaub im Septemberwind
Oktober – Weinberg/Weinlese
November – Grableuchte – dunkler, feuchter Novembertag
Dezember – Weihnachts-Lichterketten in den Schaufenstern

Durch kreatives Kombinieren von Kalendertag- und Monats-Symbolen können Sie sich nun ganz einfach auch solche Geburtstage/Gedenktage einprägen, die nicht auf die besonders markanten Kalendertage fallen. Drei Beispiele:

- Mahatma Gandhi: geb. 2. Oktober – Mahatma Gandhi arbeitet mit einem *Zwillings*pärchen im *Wein*berg.
- Fidel Castro: geb. 13. August – Fidel Castro schwimmt mit einem *Hufeisen* am Kopf (quasi ein Heiligenschein) im überfüllten *Freibad* (oder: Tag des Mauerbaus in Berlin 1961).
- Konrad Adenauer: geb. 5. Januar – Konrad Adenauer reibt mit den *fünf Fingern* seiner Hand so lange an einem *Schneemann*, bis dieser immer mehr abschmilzt.

Durch welche Bilder wollen Sie sich die Wochentage merken?

Ihr Werkzeug für Wochentage könnte zum Beispiel so aussehen:

Montag – extremer Verkehrsstau (höchstes Verkehrsaufkommen der Woche)
Dienstag – ein Dienstbote auf dem Dienstweg
Mittwoch – das Wochen-Kalenderblatt wird in der Mitte zerschnitten
Donnerstag – Blitz und Donner liegen in der Luft
Freitag – Blumenstrauß (für das Wochenende)
Samstag – Getümmel in der Einkaufspassage
Sonntag – Frühschoppen (nach dem Kirchgang)

Die Erläuterungen zur Rangpositions- und zur Ziffern-Buchstaben-Methode sowie zum kreativen Bebildern der 366 Kalendertage und der sieben Wochentage vermitteln Ihnen ein wichtiges Grundprinzip für das Lernen vermeintlich schwerer Lerninhalte: Sofern Sie eine Vielzahl von „schweren" Informationen lernen müssen, die zu einer bestimmten Art gehören, dann kann es hilfreich sein, sich hierfür zunächst ein passendes Werkzeug mit leicht vorstellbaren Symbolen zu schaffen. – In den folgenden Abschnitten dieses Kapitels lernen Sie für andere Lerninhalte ähnliche kreative Werkzeuge kennen.

Wie können Sie sich an die Reihenfolge von Spielkarten erinnern?

Experiment 19

Bitte prägen Sie sich die Reihenfolge folgender zehn Spielkarten ein:

Pik Dame – Kreuz 10 – Herz König – Herz As – Pik 8
Karo 7 – Kreuz Bube – Karo 9 – Kreuz König – Pik 7

Für diese Aufgabenstellung können Sie zum Beispiel die Rangpositions-Methode nutzen. Die besondere Schwierigkeit ergibt sich jedoch dadurch, dass wahrscheinlich auch Sie Spielkarten als abstrakte Informationen empfinden. Deshalb ist es hilfreich, nach einem Werkzeug zu suchen, um die Spielkarten leichter vorstellbar zu machen.

Welche Bildkombinationen wollen Sie für Spielkarten nutzen?

Ähnlich wie bei Kalendertagen, die aus Tag und Monat zusammengesetzt sind, werden Spielkarten durch zwei Informationenarten bestimmt: durch „Farbe" und „Zahlenwert".

Sie können deshalb zwei Gruppen von Symbolen bilden: Für die vier „Farben" ist zum Beispiel folgende Lösung geeignet:

- Die Karten der Kreuz-Serie könnten alle etwas mit einer mittelalterlichen (Kreuzritter-)Burg zu tun haben.
- Die Karten der Pik-Serie könnten alle etwas mit der Natur zu tun haben. (Das Pik-Symbol erinnert an ein Pflanzenblatt.)
- Die Karten der Herz-Serie könnten alle etwas mit einem Liebespaar zu tun haben.
- Die Karten der Karo-Serie könnten alle etwas mit dem Straßenverkehr zu tun haben. (Das Karo ähnelt einem Vorfahrtsschild.)

Auch den Zahlenwerten könnten Sie gut vorstellbare Symbole zuordnen, für die Herz-Serie zum Beispiel diese:

Herz 2	–	*Zwei* gleichartige *Ringe* verbinden zunächst die Freundschaft, binden dann die Verlobten und „fesseln" schließlich das Ehepaar.
Herz 3	–	Das *3-jährige* Kleinkind ist der *Dritte* im Kreis der jungen Familie – noch ziemlich trotzig.
Herz 4	–	Der Kinderwagen rollt auf *vier* riesigen *Rädern.*
Herz 5	–	Wenn's bei der jungen Familie mit dem Essen schnell gehen soll, hilft die *„Fünf-Minuten-Terrine".*
Herz 6	–	*„Herz-6"* ist das Türschild der *Hochzeits-Suite* im 6-Sterne-Hotel.
Herz 7	–	Junge Verliebte schweben noch im *siebten Himmel:* Vom Flugzeug aus kann man die kuschel-weiche *Wolke Nummer 7* gut erkennen.
Herz 8	–	Auf der Kondompackung befindet sich ein *„Acht"*-ungs-Schildchen für den richtigen Gebrauch.
Herz 9	–	Der Frauenarzt untersucht per Ultraschall den *Bauch der schwangeren Frau* – bis zum Ende des *9. Monats.*

Herz 10	–	Die *Kirche*, in der die Hochzeit stattfindet, besteht aus einem hohen Glockenturm („1“) und einem ovalen Gebetsraum („0“).
Herz Bube	–	Der *Bräutigam* schmückt seinen Anzug – im Bereich des Herzens – mit einer roten Rose.
Herz Dame	–	Die *Braut* diskutiert im Brautmodengeschäft über die Länge der Brautkleidschleppe.
Herz König	–	Der *Pfarrer*, der für die Trauung zuständig ist, legt sein kirchliches Gewand an.
Herz As	–	Der *Standesbeamte* unterschreibt die staatliche Heiratsurkunde.

Und das könnten dann zwei Ihrer einprägsamen Kreativ-Gedanken zur obigen Aufgabenstellung sein;

- 3. Spielkarte = Herz König: Auf einem *Dreirad* radelt der *Pfarrer* zur Trauung.
- 4. Spielkarte = Herz As: Auf einem Teppich in Form eines riesigen *Kleeblatts* steht der *Standesbeamte* und unterschreibt die Heiratsurkunde.

Sicherlich lesen Sie dieses Buch nicht in erster Linie deshalb, um sich für's Einprägen von Spielkarten fit zu machen, sondern eher, um die grundlegenden Prinzipien des leichteren Lernens für vermeintlich schwere Inhalte kennen zu lernen. Deshalb wird Ihnen die Auflistung der bebilderten Kartenwerte für die „Farbe Herz“ genügen. Es kann für Sie allerdings eine sinnvolle Kreativübung sein, wenn Sie sich nun auch passende Bilder für die Zahlenwerte der anderen drei Spielkartenfarben überlegen. – Solche Übungen sind auch für das leichtere Lernen anderer Informationsarten hilfreich!

Wie erinnern Sie sich an die Farbmarkierungen für Rohre?

Experiment 20

Bitte prägen Sie sich die Farbmarkierungen (nach DIN 2403) für Rohre mit folgenden Durchflussstoffen ein:

Säuren	–	orange
Dampf	–	rot
Sauerstoff	–	blau
Wasser	–	grün
Luft	–	grau
Laugen	–	violett
brennbare Flüssigkeiten	–	braun
brennbare verflüssigte Gase	–	gelb
nicht brennbare Gase/Flüssigkeiten	–	schwarz

Diese Aufgabenstellung wird allgemein als nicht so schwierig eingeschätzt – viele Menschen empfinden die meisten Farbzuordnungen als durchaus „logisch“. Gegebenenfalls können Sie sich den Lernprozess dadurch erleichtern, dass Sie auch hierbei passende Symbole verwenden, die Sie sich gut bildlich vorstellen können.

Für die Farben können Sie zum Beispiel folgende kreative Werkzeuge verwenden:

- orange: Apfelsine (Orange), Kürbis
- rot: reife Tomate, Blut
- blau: Tinte (klassische Tintenfarbe), Blaubeere
- grün: Gras, Gurke
- grau: Maus, Betonplatte
- violett: altmodisches Kleid („letzter Versuch“)
- braun: Schokolade, Kastanie
- gelb: Küken, Eidotter, Banane
- schwarz: Ruß, Tauerflor

Kreative Symbolverknüpfungen können Sie zum Beispiel so gestalten:

- Sie drücken den Hals einer Essigsäureflasche in eine Orange.
- Sie bügeln mit dem Dampfbügeleisen eine schrumpelige Tomate wieder glatt.
- Auf die Sauerstoffflasche eines Tauchers fällt ein Tintenfässchen – die blaue Tinte läuft darüber aus.

Für die anderen Durchflussstoffe und Farben verfahren Sie analog.

Was sagen Ihnen die ersten drei Farbringe von elektronischen Widerständen?

Wesentlich schwieriger als die Zuordnung der Farben zu den Durchflussstoffen ist es zu lernen, welche Bedeutung die Farbmarkierungen auf elektronischen Widerständen haben.

Experiment 21

Bitte prägen Sie sich die Farbmarkierungen nach DIN IEC 62 ein (Auszug):

Farbe	**Widerstandswert in Ω**		
	1. Ring	2. Ring	3. Ring (Multiplikator)
schwarz	0	0	$1 \cdot 10^0 = 1$
braun	1	1	$1 \cdot 10^1 = 10$
rot	2	2	$1 \cdot 10^2 = 100$
orange	3	3	$1 \cdot 10^3 = 1.000$
gelb	4	4	$1 \cdot 10^4 = 10.000$
grün	5	5	$1 \cdot 10^5 = 100.000$
blau	6	6	$1 \cdot 10^6 = 1.000.000$
violett	7	7	$1 \cdot 10^7 = 10.000.000$
grau	8	8	$1 \cdot 10^8 = 100.000.000$
weiß	9	9	$1 \cdot 10^9 = 1.000.000.000$

Beispiel: Ein Widerstand mit den Farbringen „orange"/„grün"/„braun" hat den Wert $3/5/1 \cdot 10^1 = 350\ \Omega$

Bei den ersten beiden Ringen geht es also um die Verknüpfung einer Farbe mit einer der Ziffern von 0 bis 9 – beim dritten Ring entsprechen dieselben Ziffern den Hochzahlen.

Welche Symbolkombinationen können Sie für die Farbbestimmung von Widerstandswerten nutzen?

Das Grundprinzip für die Farbmarkierungen nach DIN IEC 62 beschränkt sich auf Verknüpfungen zwischen jeweils einer Farbe und einer der Ziffern von null bis neun. – Sowohl für die Farben als auch für die Ziffern sollten Sie passende Symbole verwenden.

Lösungsvorschlag: Symbole für die Ziffern von eins bis neun liefert Ihnen die Rangpositions-Methode – als zusätzlich erforderliches Symbol für die Null können Sie zum Beispiel einen Autoreifen oder ein Ei wählen.

Für die Farben können Sie die Hinweise vom letzten Abschnitt (farbliche Markierungen von Rohren) nutzen; als zusätzlich erforderliches Symbol für die Farbe weiß können Sie zum Beispiel eine Schneeflocke oder einen Brautschleier wählen.

So ergeben sich zum Beispiel folgende Symbolkombinationen (bitte sehen Sie hierzu die Bilder vor Ihrem „geistigen Auge"!):
- 0: *rußschwarzer* Autoreifen
- 1: ein Einhorn aus *brauner* Schokolade
- 2: Zwillinge werfen eine *knallrote* Tomate hin und her
- 3: die Räder eines Dreirads bestehen aus *Orangen*-Scheiben
- 4: auf dem vierblättrigen Glückskleeblatt tappst ein *goldgelbes* Küken herum
- 5: eine abgehackte Hand (mit allen fünf Fingern) liegt im *giftgrünen* Gras

Ihre eigenen kreativen Verknüpfungen werden natürlich anders sein. Scheuen Sie sich aber nicht davor, völlig absurde, eklige oder unanständige Assoziationen zu bilden: Speziell solche Verknüpfungen sind für Ihr Gehirn besonders auffällig, und Sie werden sich deshalb daran besonders gut erinnern können!

Bitte erinnern Sie sich (ohne nach oben zu schauen), welche Ziffern zu folgenden Farben gehören: gelb – braun – orange – grün – rot?

Warum beherrschen Sie noch nicht das Morse-Alphabet?

Das Erlernen des Morse-Alphabetes ist besonders anspruchsvoll, weil auch hier zwei abstrakte Informationsarten miteinander verknüpft werden: ein Buchstabe und ein akustisches Zeichen. Das akustische Zeichen besteht aus einem oder mehreren Lang- bzw. Kurzzeichen.

Weil akustische Signale in einem Buch nicht darstellbar sind, werden sie hier ersatzweise als „kurz" bzw. „lang" und – wie bei Funkern üblich – als „di"/„dit" bzw. „da"/„dah" bezeichnet.

Experiment 22

Bitte prägen Sie sich folgende Kombinationen ein:

A =	kurz – lang	di-dah
B =	lang – kurz – kurz – kurz	da-di-di-dit
C =	lang – kurz – lang – kurz	da-di-da-dit
D =	lang – kurz – kurz	da-di-dit
E =	kurz	dit
F =	kurz – kurz – lang – kurz	di-di-da-dit

Morsen zu können heißt, Morsezeichen geben und akustisch (als Klangbilder) aufnehmen zu können. Das geht deutlich über das Wissen um die alphabetischen Zuordnungen der Lang-/Kurzzeichen hinaus. Der Unterschied ist ungefähr so, als ob eine Person nur weiß, wie das Schwimmen funktioniert oder ob sie es auch praktisch beherrscht. Die weiter unten dargestellte Lernmethode ist jedoch eine gute Basis, um sich auch die Klangbilder schneller einprägen zu können.

Aus technischer Sicht gibt es keine Notwendigkeit mehr für eine Kommunikation mittels Morsezeichen. Der betreffende Lernprozess und die Ausübung dieses Hobbys können jedoch als geistiges Training genutzt werden – auch, um dem Nachlassen der geistigen Aktivitäten im Alter vorzubeugen. (Es gibt in Deutschland etwa 20.000 Personen, die morsen können.)

Wie machen Sie sich Morsezeichen vorstellbar?

Lösungsvorschlag: In einem der vorderen Abschnitte (Seite XX) hatten Sie das „tierische Alphabet" kennen gelernt: Affe, Biber, Chamäleon Cäsar, Delfin, Elefant, Fuchs usw. Diese Buchstaben-Symbole können Sie auch zum Einprägen der Morsezeichen benutzen, um sie in kreativer Weise mit den Kurz-/Lang-Zeichen zu verknüpfen, zum Beispiel so:

- Der **A**ffe beißt *blitzschnell* die Spitze einer Banane ab („kurz") und wirft sie *in weitem Bogen* („lang") von sich fort: „di-dah".
- Der **B**iber *gleitet* („lang") durchs Wasser und *schlägt* dann seine Zähne *dreimal* („kurz-kurz-kurz") in einem Baumstamm: „da-di-di-dit".
- Das **C**hamäleon **C**äsar *streckt* seine lange Zunge („lang") aus, *trifft* („kurz") beinahe eine Fliege und wiederholt den Vorgang gleich noch einmal, nun aber mit Erfolg: *strecken, treffen*: „da-di-da-dit".
- Der **D**elfin macht einen *weiten Sprung* aus dem Wasser („lang") und klatscht beim Wiedereintauchen vor Freude erst mit seiner *linken* („kurz") und dann mit seiner *rechten* („kurz") Seitenflosse auf die Wasseroberfläche: „da-di-dit".

- Der Elefant lässt einen großen dicken „Elefantenapfel“ (wie einen „Pferdeapfel“) auf den Boden *plumpsen* („kurz“): „dit“.
- Der Fuchs beißt der Gans zunächst in den Kopf („kurz“) und dann auch noch in den *Hals* („kurz“), *schleift* („lang“) sie am Boden entlang und lässt sie dann vor dem Eingangsloch („kurz“) seines Fuchsbaus *fallen*: „di-di-da-dit“.

Wahrscheinlich sind Sie allein schon durch das Lesen dieser sechs „Kurzgeschichten“ in der Lage, sich an die betreffenden Morsesignale zu erinnern – richtiger: die betreffenden Morsesignale zu „re-konstruieren“ und danach auch die Klangbilder zu bestimmen.

Ihre Erinnerungsfähigkeit wird sogar noch deutlich besser sein, sofern Sie diese Kurzgeschichten pantomimisch darstellen; denn auch die Bewegungsmuster werden – wie Sie bereits wissen – automatisch vom Gehirn mit den dazugehörenden Informationen verknüpft.

Und wenn Sie „richtig“ Morsen lernen möchten, dann sollten Sie gleichzeitig auch die Klangbilder („di“/„dit“ bzw. „da“/„dah“) mitsprechen.

Deshalb lernen Schauspieler übrigens ihre Redetexte nicht nur am Schreibtisch, sondern Sie sprechen sie laut und führen dazu bereits die Bewegungen aus, die sie später auf der Bühne zeigen werden.

14. Lernende und Lehr-Profis

Was halten Fachleute vom kreativen Lern-Denken?

Den Fachleuten sind die sachlogischen Zusammenhänge ihres Fachgebietes völlig klar; sie können meist nicht nachvollziehen, warum andere mit Teilen ihres Fachgebietes Schwierigkeiten haben.

Fachleute bestehen deshalb typischerweise darauf, dass die Lernenden „verstehend lernen“; sie halten es für falsch, dass Fuchsbrücken zu Lerninhalten ihres Fachgebietes genutzt werden.

Fachleute können sich meist nicht mehr daran erinnern, dass auch sie selbst anfangs nicht alle Zusammenhänge verstanden hatten und sich auch nicht sofort alle wichtigen Informationen mühelos hatten einprägen können! – Lernende müssen sich meist sogar mit Lerninhalten verschiedener Fachbereiche gleichzeitig auseinandersetzen; sie sind in allen diesen Fachbereichen (noch) keine Fachleute!

In Trainings mit Gymnasial-Lehrern habe ich mehrfach Folgendes erlebt: Die meisten Teilnehmer waren von den vorgeschlagenen Alternativ-Methoden für leichteres Lernen (anstelle von Pauken) begeistert. Nur die Fachlehrer hatten bei Übungen mit Beispielen aus ihrem Fachgebiet verständnislos den Kopf geschüttelt.

Wie können Lehrer, Ausbilder, Professoren das Lernen erleichtern?

Die Lehrenden sollten gegenüber „komischen“ Lernmethoden ihrer Lernenden tolerant sein: Wenn sich die Lernenden wesentliche Fakten zunächst lediglich mittels kreativer Lernmethoden einprägen können, dann sind möglicherweise genau diese Fakten die entscheidenden Teile des (erweiterten) Vorwissens, das ihnen ein späteres verstehendes Lernen doch noch ermöglicht.

Die Lehrenden sollten sich deshalb intensiv mit dem kreativen Lern-Denken beschäftigen: zunächst um es für sich selbst nutzen zu können. Der zweite Schritt wird sich wahrscheinlich wie von selbst ergeben, nämlich dass die Lehrenden ihre Unterrichte, Schulungen und Vorlesungen gedächtnisfreundlicher gestalten.

Die Lernenden könnten mehrfach davon profitieren:

- Sie lernen diese Techniken an praktisch relevanten Inhalten (nebenbei) kennen: als selbstverständliche Lern- und Einprägungshilfen.
- Sie erleben, wie diese Merkhilfen konstruiert sind: Das ist eine unterschwellige Hilfe, um diese Methoden selbst anwenden zu können. Es wird noch genügend weitere Inhalte für die Lernenden geben, zu denen sie diese Methoden selber – als Ersatz für „verstehendes Lernen" – umsetzen können.

Die Lehrenden werden ihre erweiterte pädagogische Kompetenz auch dafür nutzen, dass sie ihren Lernenden Tipps zum Lernen/Einprägen von „schwierigen" Lerninhalten geben, zum Beispiel zum Einprägen von Vokabeln, von Obliegenheiten in der Feuerversicherung, von Waren-Codes, der Maslowschen Bedürfnis-Pyramide, der Definition „Gruppe", der Farbmarkierungen auf elektronischen Widerständen usw., usw.

Ich ermuntere die Lernenden, ihre Lehrer, Ausbilder, Professoren bei vermeintlich schwierigen Lerninhalten danach zu fragen, wie sie sich solche Inhalte einprägen könnten, ohne pauken zu müssen. – Lehrende und Lernende sollten passende Lösungen selbstverständlich auch gemeinsam entwickeln.

Wie wird sich die Lernlandschaft verändern?

Der PISA-Schock wird dazu beitragen, dass künftig schon die Kinder und Jugendlichen in der Schule erfahren, wie sie gedächtnisfreundlicher lernen. – Bildungs-Profis in der Wirtschaft werden ihr Know-how erweitern, um die betriebliche Aus- und Weiterbildung noch effizienter zu machen.

Es ist eine verlockende Vision, dass es folgende Situationen künftig immer seltener gibt:

- Stichwort „Grammatik": „Das hier ist Lernstoff. Daran ist letztlich nichts zu erklären oder zu verstehen. Du musst dich schlicht hinsetzen und es lernen!"
- Stichwort „Geografie" (europäische Staaten und deren Hauptstädte): „Herr Sch. hat gesagt, wir sollen uns gefälligst auf den Hintern setzen und lernen, wie er das früher auch machen musste."
- „Ich stehe vor dem Problem, sehr, sehr viele Definitionen wortgenau auswendig lernen zu müssen, zum Beispiel: ‚Eine Urkunde ist die verkörperte Gedankenerklärung, die allgemein oder für Eingeweihte verständlich ist, den Aussteller erkennen lässt und zum Beweis einer erheblichen Tatsache geeignet und bestimmt ist.' (Das ist noch eine der einfachen und kurzen Definitionen.)"
- „Ich bin auf der Suche nach einer guten Methode, um die ‚3-Letter-Codes' von Flughäfen zu lernen. Ich muss für meinen neuen Job bei einer Fluggesellschaft die Namen aller etwa 100 Flughäfen, die sie anfliegt und deren entsprechende Kürzel kennen. Einige erschließen sich für mich recht einfach aus dem Ortsnamen, zum Beispiel Bremen = BRE, aber andere scheinen gar keine Verbindung zum Namen zu haben, zum Beispiel Malaga = AGP. – In den Schulungen meines Arbeitgebers werden keine Hilfestellungen zum Lernen gegeben – außer der Aussage, dass man die halt einfach auswendig lernen muss."

Kreatives Lern-Denken schafft überraschende Erfolgserlebnisse; Bildungs-Profis, die Tipps zum kreativen Lern-Denken geben, erhalten dankbare Feedbacks. – Auf die Lösungsvorschläge zu den „3-Letter-Codes" der Flughäfen gab es folgende Reaktion der zunächst frustrierten Lernenden:

> „Hallo Herr Vogt,
> vielen herzlichen Dank für Ihre umfangreichen Tipps! Ich danke Ihnen wirklich sehr. Mit Ihren Hinweisen habe ich das – ich nenne es mal – „Prinzip des effektiven Lernens" erkannt. Es hat mir sozusagen den Tunnelblick auf das, was ich lernen will, genommen und die Sache sehr viel entspannter werden lassen. ...
>
> Viele herzliche Grüße und nochmals Danke!"

Auch Sie, lieber Leser, können dazu beitragen, dass sich das kreative Lern-Denken immer mehr durchsetzt: Empfehlen Sie Ihren lernenden oder lehrenden Bekannten, Freunden und Kollegen den Kauf dieses Buches oder leihen Sie es ihnen für ein paar Tage aus.

Wenn das kreative Lern-Denken mehr verbreitet wäre, hätte das auch ökonomische Vorteile für die aus- und weiterbildenden Unternehmen und für die gesamte Volkswirtschaft. – Nach meiner Einschätzung gibt es ein Einsparpotenzial von 30% bis 50% bei der Einarbeitung und der fachlichen Weiterbildung der Berufstätigen.

Noch einmal nachgefragt: Können Sie sich noch daran erinnern, in welchen vier Fällen das verstehende Lernen durch „kreatives Lern-Denken" ergänzt werden sollte, anstelle nur zu pauken? – Hatten Sie sich hierzu eine Merkhilfe konstruiert? War es die Merkhilfe, über die Sie sich an die Antwort erinnert hatten?

15. Empfehlungen zum Schluss

Welche Informationen können Sie aus Ihrem Gedächtnis dauerhaft abrufen?

Es gibt nur ganz wenige Informationen, die Sie lediglich ein einziges Mal wahrzunehmen brauchen und die Sie dennoch ein Leben lang in Erinnerung behalten. Hierzu zählen insbesondere die Informationen, die für Sie eine große gefühlsmäßige Bedeutung haben, zum Beispiel die Erinnerung an Ihre erste große Liebe, das Erlebnis eines für Sie wichtigen Erfolges oder das Erlebnis einer für Sie sehr traurigen Situation.

Für alle anderen Fälle brauchen Sie Wiederholungen, um die für Sie wichtigen Informationen aus der Erinnerung abrufbereit halten zu können.

Die wirksamsten Wiederholungen spüren Sie nicht einmal als solche: Es sind die praktischen Anwendungen! Hierzu ein inzwischen „klassisches" Beispiel, das Sie gut nachvollziehen können:

Ein Mitarbeiter der Abteilung „Betriebsorganisation" hatte 1985 an einem mehrtägigen Seminar zu „PC-Textverarbeitung" teilgenommen. – Wie viel des im Textverarbeitungs-Seminar erworbenen Lerninhaltes hatte er noch im Kopf, als er knapp ein Jahr später erstmalig die Gelegenheit hatte, einen PC praktisch zu nutzen?

Wenn Sie zu einem Teil Ihrer Lernprozesse nicht die Möglichkeit haben, das Erlernte sofort praktisch anzuwenden, aber das erworbene Wissen dauerhaft abrufbereit halten wollen, dann empfehle ich Ihnen das Wiederholungslernen mit Hilfe von Lernkarten.

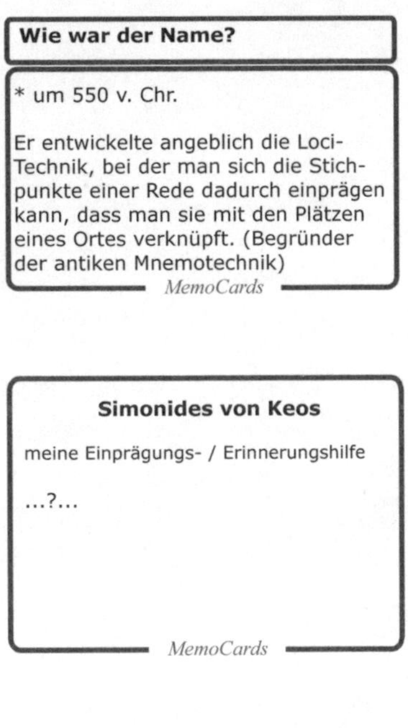

Abb. 19: **Muster einer Lernkarte.**

Vielen Personen ist das Lernkarten-Prinzip aus der Schulzeit vom Vokabellernen bekannt ... und deshalb leider auch häufig mit negativen Gedanken belastet: Schulfrust, nicht so gute Schulnoten, lernen müssen.*

Wie prägen Sie sich die Hauptgedanken dieses Buches ein?

Sie haben das Buch gelesen und alle Inhalte wahrscheinlich auch gut verstehen können.

Es wird für Sie nützlich sein, jetzt darüber nachzudenken, welche Methoden Sie gern ausprobieren oder noch stärker nutzen wollen als bisher. Für den hierzu erforderlichen Rückblick reicht vermutlich Ihr Blick auf die Fragen in der Inhaltsübersicht; notfalls überfliegen Sie auch noch einmal einige der Antworttexte.

Vielleicht haben Sie darüber hinaus Lust auszuprobieren, ob es Ihnen gelingt, sich die für Sie wesentlichen Hauptpunkte (Kapitel und Unterpunkte) einzuprägen – so als ob Sie hierüber ein Referat halten wollten. Eine für Sie passende Methode oder ein passender Methoden-Mix wird Ihnen nun bestimmt einfallen!

Welcher Zusatzservice steht Ihnen zur Verfügung?

Als Leser dieses Buches können Sie einen kostenfreien Ergänzungs-Service nutzen. Rufen Sie einfach die Internet-Adresse www.memopower.de/buchservice.htm auf. – Dort finden Sie die Internet-Links, die im Buch angesprochen wurden, sowie einige nützliche Zusatzinformationen.

* Dieses genial einfache/einfach geniale Wiederholungs-Lernsystem ist ausführlich auf www.Lernkartei.biz („biz“ steht für Business) beschrieben.